[漢]何休注 [唐]徐彦疏 [唐]陸德明音義

# 春秋公羊傳註疏

古本十三經注疏

上海古籍出版社

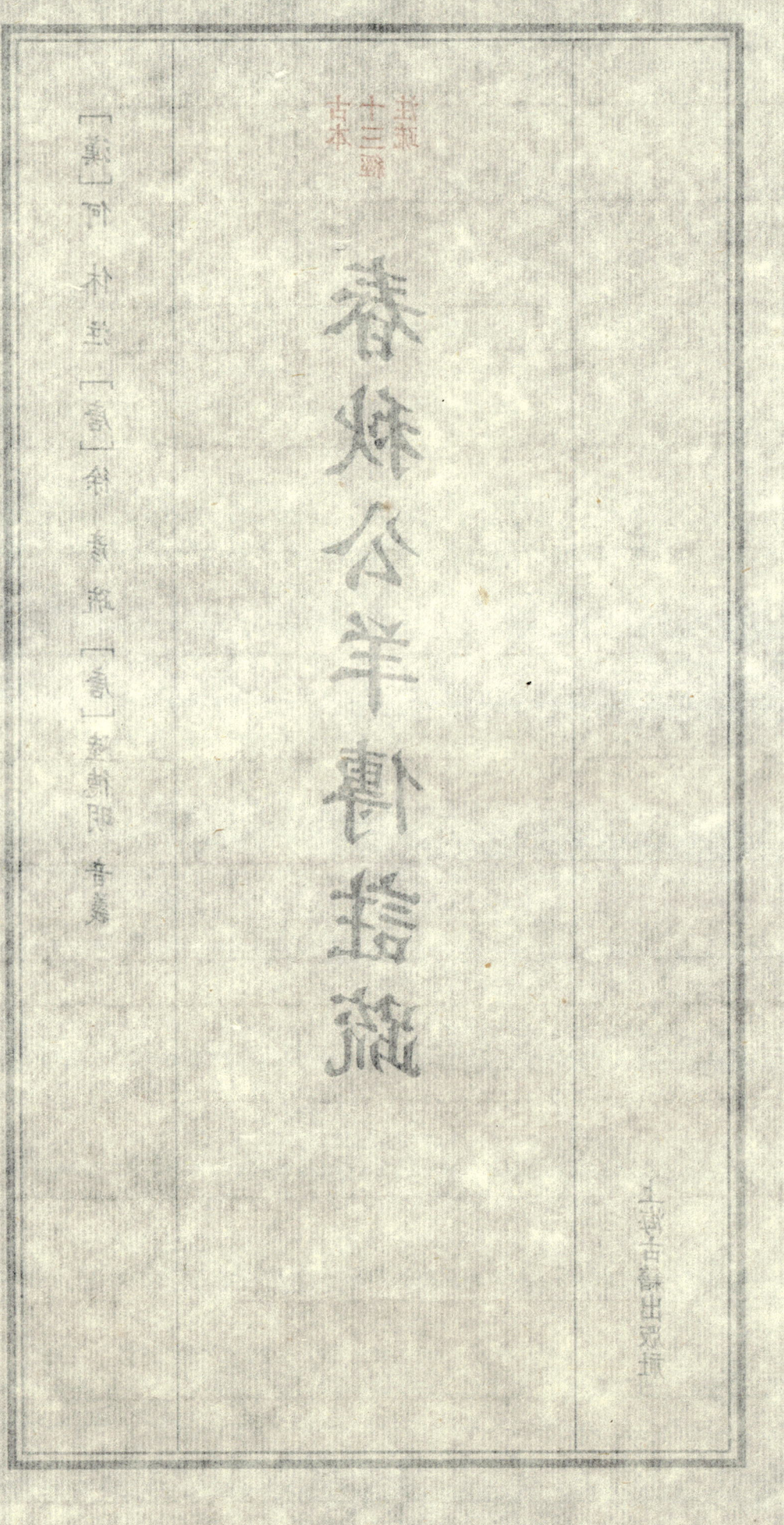

釋文何以定公爲昭公子與左氏異 ○起元年盡四年

何休學

元年春王定何以無正月 据莊公雖不書即位猶書正月 䟽 据注莊至正月。解云即莊元年經云元年春王正月三月夫人孫于齊是也案莊公之經上有正月下有三月今定公亦下有三月而上無正月故据之若然案隱公之經亦云元年春王正月下云三月公及邾婁儀父盟于眜亦是上有正月下有三月而不据之者正以隱公所承不甚于外且欲讓桓位非己有與定公不類寧得据之其閔僖之屬雖承弑君之後其所承者皆在位見弑元年之下復無三月之文與定不同故不据之然則桓公戕于齊昭公卒于外亦是不類而得据之者正以昭公失道爲臣所逐終死于外恥與桓同故據之耳 正月者正即位也 本有有正月者正諸侯之即位 䟽 注本有至即位。解云案隱元年傳云經言乎王正月大一統也何氏云統者始王總繫之辭夫王者始受命改制布政施教於天下自公侯至於庶人自山川至於草木昆蟲莫不一一繫於正月故云政教之始以此言之以書正月者爲大一統也而言本有正月者正諸侯即位者兼二義故也何氏云自公侯以下皆繫正月即是正月者正諸侯即位之義 定無正月者即位後也 雖書即位於六月實當遽莊公有正月令無正月者昭公出奔國當絕定公不得繼體奉正故諱爲微辭使若即位在正月後故不書正月 䟽 定無正月者即位後也。解云謂定公行即位之礼在正月之後也。注雖書至正月。解云依經及傳[illegible]以定公即位在正月之後故無正月何氏更言昭公出奔國當絕定公不得繼體奉正者正以書正月大一統也明不[illegible]即位而[illegible]且諸侯之法礼當死位而昭公不君棄位出奔終卒于外爲辱實甚論其罪惡君臣共有故知魯國之當絕矣是以何氏消量作如此注故諱爲微辭者謂經與傳直作無即位故無正月之義其定公當絕之文没而不見故謂微辭爾 即位何以後 据正月正即位 昭公在外 昭公喪在外 得入不得入未可知也曷爲未可知 据已稱元年 䟽 得入不得入未可知

也者○解云謂昭公之喪在外得入不得入未可知不謂拠
定公之身也其實定公先在于内是以上文已稱元年矣但
以君喪未入未得正行即位礼是以即位在正月之後而左
氏以爲喪及壞隤公子宋乃先入者何氏所不取之○注據
已稱元年○解云謂已稱元年春似行即位之礼說
何言昭公之喪得入不得入未可知也而即位後乎**在季**
**氏也**今季氏迎昭公喪而事之定公得即位不迎而事之則不得即位 疏 在季氏也○解云定公異
時雖以先君之喪未入未行即位之礼其實爲君之道已成
是以上文得稱元年春矣但猶微弱不敢逆其父喪故云在
季氏也 **定哀多微辭** 微辭即下傳所言者是也定公有王無正月不務公室喪失國寶哀公有
黄池之會獲麟故總言多 疏 定哀多微辭○解云定哀二君微辭有五故謂之多不謂餘處更有所對若然昭與
定哀同是太平之世所以特言定哀者昭公之篇無微辭之
事寧可彊言之乎○注微辭至是也○解云謂主人習其讀而
問其傳則未知己之有罪焉爾也○注定公至正月○解云
得爲微辭者實爲昭公出奔國當絶定公不得繼體奉正故
無正月如似即位在正月之後是以無正月然故得謂之微
辭○注不務公室○解云下二年夏五月壬辰雉門及兩觀



災冬十月新作雉門及兩觀傳云其言新作之何脩大也注
云天災之當賊損如諸侯制而復脩大僭天子之礼故言新
作以見脩大也脩舊不書此何以書譏何譏爾不務乎公室
也注云務猶勉也不務公室亦可施於久不脩亦可施于不
務如公室之礼微辭也然則書其新作雉門及兩觀者主譏
其僭天子之礼可施於久不脩治而録之傳云不務公室亦
得助成微辭之義也○喪失國寶○解云下八年冬盜竊寶
玉大弓傳云寶者何璋判白注云不言璋言玉者起珪璧琮
璜五玉盡亡之傳特言璋者所以郊事天尤重也書大弓者
使若都以國寶書微辭也謂之寶者出世寶用之辭也然則
特書大弓者欲通謂之寶寶即大弓是可以出世傳保而珠
玉之敗謂之寶玉也○注哀公至言多○解云黄池之會者
即哀十三年夏公會晉侯及吳子于黄池傳云吳何以稱子
吳主會也吳主會則曷爲先言晉侯不與夷狄之主中國也
其言及吳子何會兩伯之辭也不與夷狄之主中國則曷爲
以會兩伯之辭言之重吳也曷爲重吳吳在是則天下諸侯
莫敢不至也彼注云以晉大國尚猶汲汲於吳則知諸侯莫
敢不至也不書諸侯者爲微辭使若天下盡會之而魯侯蒙
俗會之者惡愈是也其獲麟者即哀十四年春西狩獲麟是
也實爲聖漢將興之瑞周家當滅之象今經直言獲麟不論

此事若似麟來周王更欲中興之兆得謂之微辭矣**主人習其讀而問其傳**讀謂經傳謂訓詁主人謂定公言主人者能爲主人皆當爲微辭非獨定公**則未知己之有罪焉爾**此假設而言之主人謂定哀也設使定哀習其經而讀之問其傳解詁則不知己之有罪於是此孔子畏時君上以諱尊隆恩下以辟害容身慎之至也

（疏）主人至焉爾○解云主人習其讀謂習其經而讀之也云而問其傳者謂問其夫子口授之傳解詁之義矣云則未知己之有罪焉爾者焉爾猶於是讀其微辭意指難明雖問解詁亦未知己之有罪乎春秋假令讀定元年經而問其傳之解詁云定何以無正月正月者正即位也定無正月者即位後也則無以知其國當絕定公不得繼體奉正之義假令讀定公二年經云新作雉門及兩觀而問其傳之解詁云脩舊不書此何以書譏何譏爾不務乎公室也正以父不當理不以公室爲急務故書之無以知其借天子是也○注此假設而言至於是○解云當爾之時未有春秋故知主人習其經而讀之者假設而言之也既未有春秋而彊言主人故云此假設而言之云主人謂定哀者正以上言定哀多微辭下文即言主人習其讀故知此主人者宜指定哀言之也○注此孔子至之至也○解云此時君者還指定哀也孔子作春秋當哀公之世定沒未幾臣子猶存故亦畏之爲之諱惡恩隆於定哀故曰上以諱尊隆恩也若不迴辟其害則身無所容故曰下以辟害容身也尊君卑己故生上下之文耳其傳未行口授弟子而作微辭以辟其害亦是謹慎之甚故此曰慎之至也



**○三月晉人執宋仲幾于京師仲幾之罪何**據言于京師成伯討辭知有罪○幾本或作譏

（疏）仲幾之罪何○解云上言晉人似非伯討言于京師是伯討之文與奪昧明故難之

**不蓑城也**若今以草衣城是也禮諸侯爲天子治城各有分丈尺宋仲幾不治所主○不蓑素戈反一或作蓑一或音初危反衣于既反爲天于僞反下善爲同

（疏）不蓑城也○解云謂不以蓑苫城也公羊之義以爲昭三十二年城成周者既是城訖故於此處責其不蓑而已不以左氏方始欲城耳○注蓑若今以草衣城是也衣讀如衣輕裘之衣○注禮諸至主者○解云正以宋人不治所王者晉人執而歸之于京師得爲伯討之文故知禮有分丈尺之法不謂更存禮文

**其言于京師何**据城言成周執不地

（疏）注据城言成周○解云即昭三十二年冬仲孫何忌

會晉韓不信以下城成周是也○注執不地○解云謂春秋
上下大夫見執例不舉地即下六年秋晉人執宋行人樂祁
黎七年秋齊人執衛行人北宮結之屬是也若然成十六年
九月晉人執季孫行父舍之于招丘彼傳自有辭執未有言
舍之者此其言舍之何仁之也曰在招丘悕矣注云悕悲也
仁之者若曰在招丘可悲矣閔錄之辭執未有言仁之者此
其言仁之何代公執也是也**伯討也**大夫不得專執執無稱名氏見伯討例故地以京師明以天子事執
之得伯討之義○見賢遍反**疏**注大夫至之義○解云下傳云大夫之義不得專執也故云大夫不得專執若
諸侯執人即僖四年傳云稱侯而執者伯討也稱人而執者
非伯討也若其大夫不得專執故其執人之時無稱名氏非
伯討例雖無其例其執之有理寧得不作其文是故地以京師明以天子事執之見其得伯討之義也**伯討**
**則其稱人何**據城稱名氏諸侯伯執不稱人也復發此難者弟子未解嫌大夫稱人相執與諸侯
同例○復發扶又反下皆同難乃旦反解音蟹**疏**注據城稱名氏云云○解云即昭三十二年冬仲孫何忌會晉
韓不信以下城成周是也○注諸侯伯執不稱人也○解云
即僖四年傳云稱侯而執者伯討也稱人而執者非伯討也



是也若欲指經言之即成十五年春晉侯執曹伯歸之于京師是也**貶**故稱人爾不以非伯討故**曷爲**
**貶**據晉侯伯執稱人以他罪舉**疏**注據晉至罪舉○解云即僖三十八年晉人執衛侯歸之于京師也
云歸之于者罪已定矣此晉侯也其稱人何貶曷爲貶衛之
禍文公爲之也文公爲之柰何文公逐衛侯而立叔武使其
兄弟相疑放乎殺母弟者文公爲之也然則彼乃晉文之執
衛侯實得伯討之義而稱人者正由文公惡衛侯太深愛叔
武太甚故致此禍是以貶之稱人故曰以他罪舉也今此晉
人執仲幾亦得爲伯討之義而貶稱人故欲問其稱人之義
矣**不與大夫專執也曷爲不與**據伯討**實與**言于京師是也**而文不與**文不與者貶稱人是也**文曷爲不與大夫之**
**義不得專執也**大夫不得專相執辟諸侯也不言歸者諸侯當決於天子乃犯之惡甚故錄所歸
大夫當與主獄爾犯之罪從外小惡不復別也无例不在常書又月者善爲天子執之○別彼列反**疏**文曷爲不
與○解云據實與但何氏省文不復言大夫之義不得專執則其曰實與之何上無天子下無方伯天下大夫有爲無道

[illegible]

義不得專廢置君也 [illegible]

而文不與文曷爲不與大夫之 [illegible]

矣不與大夫專廢置君也曷爲不與實與 [illegible]

[illegible]

晉人 [illegible] 于邾婁 [illegible]

春 [illegible] 弗克納 [illegible]

[illegible]

則其稱人何 [illegible]

[illegible]

者力能執之則執之可也異僖元年二年救邢城楚丘之傳者正以諸侯相執執伯者之常事大夫相執例之所略詳尊畧卑之義也○注不言至別也○解云正以僖二十八年冬晉人執衞侯歸之于京師成十五年春晉侯執曹伯歸之于京師襄十六年春晉人執莒子邾婁子以歸者是諸侯相執録其所歸之文所以然者正以諸侯尊貴當决於天子若其犯之其惡深大故須録其歸之所在即執衞侯曹伯歸于京師是其得正執莒子邾婁子以歸其國者失所明矣彼注云録以歸者甚惡晉也有罪無罪皆當歸京師不得自治之是也若然案襄十九年春晉人執邾婁子亦是諸侯相執而不録其所歸者正以會上執之即會上釋之實無所歸寧得録之也若執大夫當决於主獄之人耳若其犯之但爲小惡故從外小惡例不復分別之也若然所見之世録外小惡而言從外小惡不復別之者正謂時時録之以見太平之世諸夏小惡在治之限文不盡録故得然解○注無例至執之○解云欲道春秋上下更無大夫相執之義即是無其比例不在常書之限今而書之又書其月詳録之與諸侯相執同例者善爲天子執故也知諸侯相執例書月者正以襄十六年三月晉人執莒子邾婁子十九年三月晉人執邾婁子之屬皆書月故也舊云此事所以無歸于以歸之例正由大夫相執不在當書故也既不在當書而書月以執之者善爲天子執之故也



○夏六月癸亥公之喪至自乾侯至自乾侯者非公事齊不事中去之晉竟不見容死于乾侯○戊辰公即位癸亥公之喪至自乾侯則曷爲以戊辰之日然後即位据癸亥得入已可知正棺於兩楹之間然後即位正棺者象既小斂夷於堂昭公死於外不得以君臣禮治其喪故示盡始死之禮禮始死于北牖下浴於中霤飯含於牖下小斂於戶內夷於兩楹之間大斂於阼階殯於西階之上祖于庭葬於墓奪孝子之恩動以遠也禮天子五日小斂七日大斂諸侯三日小斂五日大斂卿大夫二日小斂三日大斂夷而絰殯而成服故戊辰然後即位凡喪三日授子杖五日授大夫杖七日授士杖童子婦人不杖不能病故也○小斂力驗反下皆同北牖音容本又作牖霤力又反飯扶晚反含戶暗反阼才故反

疏 注正棺至故也○解云喪大記云小斂主人即位于戶內主婦東面乃斂卒斂主人馮之踊主婦亦如之徹帷男女奉尸夷于堂降拜鄭注夷之言尸也士人主婦以下從而

[illegible]

奉之孝敬之心降拜拜賓也是也云故示盡始死之禮者示
字亦有作不字者誤也云禮始死于北牖下者即喪大記疾
病寢東首於北牖下是也云浴於中霤云云者即坊記云子
云賓禮每進以讓喪禮每加以遠浴於中霤飯於牖下小斂
於戶內大斂於阼殯於客位祖於庭葬於墓所以示遠也是
也而言夷于兩楹之間者即此傳云正棺于兩楹之間是也
云奪孝子之恩動以遠也者何氏以意言之也言此者欲陳
始死禮云天子五日云云者何氏差約古禮而言之欲道始
死之禮五日大斂而殯殯訖成服今欲示盡始死之禮故云
公之喪癸亥日至于丁卯殯而成服戊辰之日乃即位矣云
凡喪三日云云者即喪服四制云杖者何也爵也三日授子
杖五日授大夫杖七日授士杖或曰擔主或曰輔病婦人童
子不杖不能病也是也鄭注喪大記云三日者死之後三日
也為君杖不同日人君禮大可以見親疏也引之者欲道喪
入五日嗣子大夫授杖已訖可以即位正其臣矣**子沈子曰定君乎國**定昭公之喪禮於國**然後即位即位不日此何以日**據即位皆不日**錄乎內也**內事詳錄善得五日變禮或說危不得以踰年正月即位故日主書者重五始也（疏）注詳錄至始也○解云書日所以得變禮者癸亥之日公喪乃至戊辰之日然後君即位象五日殯訖即位之禮故錄日以明之言其變而公禮矣○**秋七月癸巳葬我君昭公○九月大雩**定公得立尤喜而不恤民之應○**立煬宮煬宮者何**據十二公無煬公○煬餘亮反（疏）煬宮者何○解云正以春秋之內更無煬公之稱而立其宮故執不知問**煬公之宮也**春秋前煬公也**立者何立者不宜立也立煬宮非禮也**不日嫌得禮故復問立也不日者所見之世諱深使若比武宮惡愈故不日（疏）立者何
解云欲言是禮不應言立欲言非禮復不書日故執不知問
○立者何至立也○解云隱四年冬衛人立晉之下傳云立
者何立者不宜立也成六年春二月辛巳立武宮之下傳云
立者何立者不宜立也然則春秋之內三發此文者公子晉
之下發之是春秋之首成六年立武宮之下發之嫌立宮與
諸侯異例此復發之者正以立武宮書日此不書日故同之
昭二十二年秋尹氏立王子朝不復發之者從立晉之傳可
知○不日至立也○解云春秋之例失禮於宗廟例書日故

此不日嫌得礼也注言此者正以成六年巳有此傳今復發之故解云爾○不日至不日○解云例既書日而不日者正以當所見之世故也若然案莊二十三年秋丹桓宮楹何氏云失礼宗廟例時與向說違者蓋失礼於鬼神例日故隱五年初獻六羽之下何氏云失礼鬼神例日是也若失礼脩營於宗廟則例書時即莊二十三年秋丹桓宮楹何氏云失礼宗廟例時是也莊二十四年春王三月刻桓宮桷書月者何氏云月者功重於用楹是也若其失礼始造宗廟者例書日即成六年春王二月辛巳立武宮是也所以然者刻桷功重於丹楹猶變例以書月況於始造宗廟爲費實深寧不日乎例既宜日而不日者正以當所見之世爲內諱深使若惡愈於武宮故也○

冬十月霣霜殺菽何以書記異也

菽大豆時猶殺菽不殺他物故爲異○霣于敏反

疏注時殺至爲異○解云知獨殺菽不殺他物者正以此經特舉殺菽傳云記異故也若更殺他物則經直云霣霜不與舉穀名傳云記災也即桓元年秋大水傳云何以書記災也彼注云災傷二穀以上是也此則但傷一穀既不成災故謂之異

此災菽也曷爲以異書

據無麥苗以災書

疏注據無至災書○解云即莊七年秋大水無麥苗傳云何以書記災也是也然則大水殺麥苗傳云記災今此霣霜殺菽傳云記異故據而難之若然向解若更殺他物則經直言霣霜不舉穀名何故莊七年經云秋大水無麥苗者彼傳云何災不書待無麥然後書無苗彼注云明君子不以一過責人水旱螟蟲皆以傷二穀乃書而不書穀名至麥苗獨書者民食最重是也然則一災不書今此書者示以早當誅季氏故不得不錄也

異大乎災也

異者所以爲人戒也重異不重災君子所以貴教化而賤刑罰也周十月夏八月微霜用事未可殺菽菽者少類爲稼強季氏象也是時定公喜於得位而不念天黜逐之恥反爲淫祀立煬宮故天示以當早誅季氏

疏異大乎災也○解云雖曰但傷一物若以害物言之災而必書者正以異重于災故也何者隱三年而作注云異者非常而可怪先事而至者隱五年作注云災者有害於人物隨事而至者然則正由先事而至可以爲戒若其變改竟不害人物若以君人教戒臣子之義故但謂之異而貴之矣災者隨事而至害於人物雖言變改亦無所及若以刑罰一施不可追更之義故謂之災而不重之故注云重異不重災君子所以貴教化而賤刑罰也然則直是美大此異故言異大於災不論害物與否九行傳云害物爲災不害物爲異亦通於

此矣○注叔者至象也○解云叔季不同而得爲其象者以以叔爲第二之稱故爲少類季氏於叔孟爲第亦是少之義故得爲其象叔雖第三爲稼最強季氏雖幼彊於叔孟故曰叔者少類爲像強季氏之象也○注是時至煬宮○解云何氏以爲定公者昭公之子與賈服異既爲昭公之子而喜於得位者正以今見放逐薨於乾侯讎人秉政有年歲矣爲道亦何可知忽然而立寧不喜乎是以忘其恥辱欲求福於淫祀天怪其所爲故示之戒也舊云定公爲昭公弟立非其次是以喜之而謂昭公爲父者臣子一例故也云故天示以早當誅季氏也者天戒若曰等欲勞心作淫祀之時不如作意早誅季氏所以然者雖作淫祀終竟無福早誅季氏可以復讎去患故也

**二年春王正月○夏五月壬辰雉門及兩觀災其言雉門及兩觀災何**据柏宮僖宮災不言及不但問及者方於下及聞其文問之故先俱張本於上○兩觀工喚反下及注皆同（疏）注据柏至言及○解云即哀三年夏五月辛卯柏宮僖宮災是也

**兩觀微也**雉門兩觀皆天子之制門爲其主觀爲其飾故微也（疏）注雉門至微也○解云知如此者正以昭二十五年傳云子家駒曰諸者僭天子久矣設兩觀云云者此皆天子之禮然則兩觀既爲天子之禮天惡其僭故災之則知雉門與之同災者亦僭明矣故云雉門及兩觀皆天子之制也若然昭二十五年子家駒不言雉門爲僭者正以天子諸侯皆有雉門但形制殊耳若然雉門爲僭於辭爲負矣寧知非是主災兩觀因及雉門而已故子家駒不數雉門爲僭而何氏必言雉門亦如天子之制者正以下文新作雉門及兩觀之下傳云不務公室既言不務如公室之礼則知天子明矣

**然則曷爲不言雉門災及兩觀**据下新作雉門及兩觀先言作者

**主災者兩觀也**時災從兩觀起

**時災者兩觀則曷爲後言之**据欲使言兩觀災及雉門若言宋督弑其君與夷及其大夫孔父

**不以微及大也何以書**不復言雉門及兩觀災何以書者上已問雉門及兩觀災故但言何以書○不復扶又反下同（疏）注不復至以書○解云隱三年秋武氏子來求賻傳云武氏子來求賻何以書注云不但言何以書者嫌主覆問上所譏二事不問求賻又七年夏城中丘傳云中丘者何內

之邑也城中丘何以書注云上言丁丘者何指問邑也欲因言何以書嫌但問書中丘欲復言城中丘何以書僖二十年傳云西宮災何以書然則彼三傳文皆舉句而問之今此不嫌不以微及大何以書而不舉句而問之者正以上傳已云其言雉門及兩觀災何不此本子家駒諫昭公所能復重言之故省文也

記災也

當先去以自正者昭公不從其言卒爲季氏所逐定公繼其後宜去其所以失之者故災亦云爾立雉門兩觀不書者陷天子不可言雖在春秋中猶不書○先去起呂反下同疏○注此本至云爾○解云在昭二十五年疏○注立雉至不書○解云知如此者正以隱五年秋初獻六羽傳云何以書譏何譏爾譏始僭諸公也始僭諸公昉於此乎前此矣前此則曷爲始乎此僭諸公猶可言也僭天子不可言也是然須更脩大還僭天子而得書之者但作微辭以戒之仍自不正言○

秋楚人伐吳○冬十月新作雉門及兩觀其言新作之何

據俱一門兩觀如故常疏注據俱至如常○解云正以新作與舊俱一門兩觀以故常無異何言新作之乎

脩大也

天災之當因藏損如諸侯制而復脩大僭天子之禮故言新作以見脩大也○見賢遍反疏注故言至大也○解云莊二十九年作注云繕故曰新有所增益曰作然則此言新者見其料理舊牆言作者見其增益新木皆是還大於諸侯之義故言新作以見脩大矣

脩舊不書此何以書

據西宮災復脩不書疏注據西至不書○解云在僖二十年

譏何譏爾不務乎公室也

務勉也不務公室亦可施于久不脩亦可施于不務始公室之禮微辭也月者久也當即脩之如諸侯禮疏注不務至侯禮○解云即文十三年傳世室屋壞何以書譏何譏爾久不脩也何氏云簡忽久不以時脩治至令壞敗故譏之然則此文不務公室者亦可以見魯人簡忽五月有災十月乃作之義故云亦可施於久不脩也云月者久也者正以莊二十九年春新延廐僖二十年春新作南門皆書時此特月者譏其久不脩故也舊云如天子之門大不可即成故月以久之

三年春王正月公如晉至河乃復

月者內有彊臣之讎外不見荅於晉故危之疏注月者至危之○解云正以凡朝例時假有小事亦不書月是以昭二年冬公如晉至河

乃復傳云其言至河乃復何不敢進也注云乃難辭也時聞晉欲執之不敢往君子榮見與恥見距故諱使若至河河水有難而反然則彼是小故不足以月今乃令有彊臣之讎外不見答於晉故書月以危之似若襄二十八年十一月公如楚何氏云如楚書月者危公朝夷狄之類也而僖十年注云故如京師善則月榮之如齊晉善則月安之者善惡不嫌假令同辭亦何傷也

○三月辛卯邾婁子穿卒○夏四月○秋葬邾婁莊公○冬仲孫何忌及邾婁子盟于枝

後相犯特者諱公使大夫盟又未踰年君薄父子之恩故為易辭使若義結善事○枝二傳作拔易以盍反

【疏】三月辛卯云云公羊穀梁皆作三月左氏作二月未知孰正○注後相至善事○解云其後相犯者即哀元年冬仲孫何忌帥師伐邾婁之屬是也云故為易辭者鄭莊十三年冬公會齊侯盟于柯傳云何以不日易也何氏云易猶佼易也相親信無後患之辭是也

四年春王二月癸巳陳侯吳卒○三月公會劉子晉侯宋公蔡侯衛侯陳子鄭伯許男曹伯莒子邾婁子頓子胡子滕子薛伯杞伯及邾婁子齊國夏于召陵侵楚



月而不舉重者楚以一裘之故拘蔡昭公數年然後歸之諸侯雜然侵之會同最盛故善錄其行義兵也拘不書者惡蔡侯吝一裘而見拘執故匹夫之執歸不書者從執例○夏戶雅反郎上照反數年所主反雜七合反又如字惡蔡烏路反年未同吝一裘力刃反

【疏】陳子○解云上文二月陳侯吳卒下之六月葬陳惠公然則其父未葬宜稱子某而言陳子僖九年宋子之下注云宋未葬不稱子某者出會諸侯非尸柩之前故不名然則今此陳子亦然但從宋子省文不復注之○注月而至兵也○解云春秋之義侵伐例時即上二年秋楚人伐吳之屬是也善其義兵則書月即僖十八年春王正月宋公曹伯以下伐齊注云月者與襄公之征齊善錄義兵是也若其舉重宜云公會劉子晉侯以下侵楚不言于召陵也似若成十六年秋公會單子尹子晉侯齊國佐邾婁子伐鄭之屬今而書月復不舉重者善錄其行義兵故也若然案僖四年春王正月公會齊侯以

……○三月辛卯邾子穿卒○夏四月○

……邾莊公○冬仲孫何忌及邾子盟于拔

四年春王二月癸巳陳侯吳卒○三月公會劉子晉侯宋公蔡侯衛侯陳子鄭伯許男曹伯莒子邾子頓子胡子滕子薛伯杞伯小邾子齊國夏于召陵侵楚

下侵蔡何氏云月者善義兵也然則彼亦是義兵而舉重者
正以下經云楚屈完來盟于師盟于召陵傳云其言盟于
師盟于召陵何師在召陵也師在召陵則曷爲再言盟喜服
楚也彼注云孔子曰書之重辭之複嗚呼不可不察其中心
有美焉然則正以下有喜服楚之文爲義兵可知是以不
勞具録也桓公十五年冬十有一月公會齊侯宋公以下于
侈伐鄭彼注云月者善諸侯征突善録義兵也不舉伐爲重
者用兵重於會嫌月爲桓伐有危舉不爲義兵録故復録[illegible]
注云之屬當文皆有成解不勞逆說也言楚以一裘之故拘
蔡昭公數年然後歸之者即下傳云蔡昭公朝乎楚有美裘
焉囊瓦求之昭公不與爲是拘昭公於南郢數年然後歸之
是也○注拘不至夫之○解云僖二十一年霍之會執宋公
以伐宋之屬皆書其執今此不書故決之所以不直言[illegible]
而已而言匹夫之者以楚人執良霄之屬大夫猶書今[illegible]
書賤於大夫故言匹夫之○注執歸至執例○解云即僖二
十一年注云凡出奔歸書執獲歸不書者出奔已失國[illegible]
還應盜國與執獲者異臣下尚隨君事之未失國不應盜國
無爲録也是其彼執而歸不書之義今此蔡侯之執經雖不
書其實見執故得從其例矣
云云之說備于僖二十一年○**夏四月庚辰蔡公孫**



**歸姓帥師滅沈以沈子嘉歸殺之**爲不會召陵故也不舉滅
爲重書以歸殺之者責不死位也日者定哀滅例日定公承
黜君之後有彊臣之讎故有滅則危懼之爲定公戒也○公
孫歸姓二傳無歸字姓音生又音眚姓爲
不于僞反下爲季爲下爲治爲蔡同
**疏**注爲不至故也○解云正以召陵
之會蔡爲謀首召陵之經不見沈子而今滅之故知義然也
○注不舉至位也○解云正以襄六年十有二月齊侯滅萊
傳云曷爲不言萊君出奔國滅君死之正也彼注云明國不
存不書殺萊君者舉滅國爲重然則萊君死位故得與重而
沈子不死位故不得舉滅爲重而書以歸殺之也○定哀至
滅也○解云定哀之時以致太平若有相滅爲罪已重故皆
書日以詳其惡即此經及下六年春王正月癸亥鄭游速帥
師滅許以許男斯歸之屬是也既言定哀滅例日乃是滅爲
例矣而又言定公承黜君之後有彊臣之讎故有滅則危懼
之爲定公戒者欲道哀公之篇若有相滅例合日欲見他義
者容不書之即哀公八年春王正月宋公入曹以曹伯陽歸
實是滅皆但諱同姓之滅而不書之是以亦不書日是
也然則定哀公之篇更無異滅之經而知例日者正以文承
定公之下定公猶日則哀公明矣定公承黜君之後偏有危

[illegible]

○夏四月庚辰蔡公孫[illegible]

[illegible]

懼是以有滅則書日哀公無此義故諱其滅以没不救同姓之罪但知例合書其日故何氏云焉○五月

公及諸侯盟于浩油再言公者昭公數如晉不見答卒爲季氏所逐定公初即位得與諸侯盟故喜録之後楚復圍蔡不救不日者善諸侯能翕然與有疾楚之心會同最盛故褒與信辭○浩油古老反下音由一音羊又反二傳作皐鼬數所主反楚復扶又反下而復復討同翕許及反

疏注再言至録之○解云正以僖五年夏公及齊侯以下會王世子于首戴秋八月諸侯盟于首戴九年夏公會宰周公以下于葵丘九月戊辰諸侯盟于葵丘之屬皆不再言公今此再言公故於此録之言昭公數如晉不見答者即昭十二年夏公如晉至河乃復十三年冬公如晉至河乃復十五年冬公如晉十六年夏公至自晉二十一年冬公如晉至河乃復二十三年公如晉至河公有疾乃復之屬是數如晉之文也竟不見晉人來盟之經故云不見荅也卒爲季氏所逐者即二十五年九月巳亥公孫于齊是也寧知再言公爲喜録之者正以文承祥義兵之下而再言公故知其喜似若僖四年夏楚屈完來盟于師盟于召陵傳云曷爲再言盟喜服楚也之類注云孔子曰書之重辭之復嗚呼不可不察其中必有美者焉義亦通



癸此

杞伯戊卒于會不日與盟同日○戊音茂又音恤二傳作戌

疏注不日與盟同月○解云考諸古本日亦有作月者若作日字宜云所見之世小國之卒例合書日即上言三月辛卯邾婁子穿卒之屬是也今不日者正以與盟同月文不可施故也何者若言五月甲子公及諸侯盟于浩油杞伯戊卒于會則嫌上會非信辭若言五月公及諸侯盟于浩油甲子杞伯戊卒于會則又與盟別日是以進退不得日也若作月字宜云所見之世則例書日若有内行失亦但月之即昭六年春王正月杞伯益姑卒何氏云不日者行微弱故略之入所見之世責小國始卒内行也諸侯内行小失不可勝書故於終略責之見義是也然則今杞伯亦有内小失宜合書月而不書月三國與盟同月故也

○六月葬陳惠公○許遷于容城○秋

七月公至自會月者爲下劉卷卒月者重録恩○卷音權

疏注月者至卷卒○解云正以春秋之義致公例時則桓二年冬公至自唐之屬是也若其有危乃合書月即下八年三月公至自侵齊之屬是也今此上會有義兵之録上盟有信辭之美又再言公爲喜文則知公於時無危明矣既無危事而有七月故知其月爲下事

[illegible] ○五月

公及諸侯盟于皋鼬 [illegible]

杞伯成卒于會 [illegible]

○六月葬陳惠公○許遷于容城○秋

七月公至自會 [illegible]

爾若然案桓公十六年秋七月公至自伐鄭何氏云致者善
桓公能疾惡同類比與諸侯行義伐鄭致例時此月者善其
比與善行義故以致復加月也似月爲善者正以桓是篡公賊
動作有危而能疾惡脫危而至故致之何氏彼注必言此者
欲對桓元年垂會之注云不致之者爲下去王適足以起無
王未足以見無王罪之深淺故復奪臣子辭成誅文也以此
言之則桓十六年注云以致復加月仍是危文但善其比與
義故能脫危而至與此仍不妨矣○注月者重錄恩○解云
大夫之卒宜又降于微國之君但合書時而已而書月者正
以新奉王命主會于召陵於魯有恩故重而錄之故云月者
重錄恩也

**○劉卷卒劉卷者何天子之大夫也外大夫不卒此何以卒我主之也**

劉卷即上會劉子我主之者因上王魯故
王之張義也卒者明主會者當有恩禮也言劉卷者主天子
大夫之屈於天子也不日者此尹氏以天子喪爲主重也
此卷主會輕故不日

疏 劉卷者何○解云欲言諸侯未有劉國刻卷大夫大夫不卒故孰不知問○注劉卷至義
也○解云正以召陵之經劉子爲首今而書卒故知一人也
若不然大夫之卒例則不書劉卷何事獨得錄見迹今而錄
見明有恩於魯傳曰我主之亦其一隅矣劉子者天子之大
夫奉天子之命致諸侯於召陵召陵之經序之于上此言我
之主會明矣此傳宜云外大夫不卒此何以卒主我也而云
我主之者正以春秋王魯因魯之文故言我主之不言主我
也言張義者欲張魯君爲王之義○注卒者至禮也○解云
若主會有恩禮者即違例書卒案僖九年公會宰周公成十
六年十七年之時數有公會單子尹子之文而皆不言卒
等有恩當論遠近蓋在主會之年卒者恩而錄之若期外者
當從恩殺略之是以尹子單子之徒不見卒文若奉喪主王
使來會葬之屬其恩差重三年之外方始略之即隱三年夏
四月辛卯尹氏卒傳云外大夫不卒此何以卒天王崩爲
諸侯之主也彼注云時天王崩魯隱往奔喪尹氏主儐贊諸
侯與隱交接而卒恩隆於王者則加禮錄之明當有恩禮也
文三年夏五月王子虎卒傳云外大夫不卒此何以卒新使
乎我也彼注云王子虎即叔服也新爲王者使來會葬在葬
後三年中卒君子恩隆於親親則加報之故卒明當有恩禮
也是○注言劉至天子○解云襄十五年劉夏之下傳云劉
夏者何天子之大夫也劉者何邑也其稱劉何以邑氏也彼
注云諸侯入爲天子大夫不得氏國稱本爵故以所受采邑
氏稱子不稱劉子而名者禮逆王后當使三公故貶去大夫

明非礼也然則今此劉卷乃是以外諸侯入爲天子大夫所以不言劉子卷[redacted]諸侯之則而言劉卷其但字者正欲起大夫卒之屈於天子[redacted]也○注不日至不日○解云文三年王子虎之下何氏云尹氏卒日此不日者在畿外也然則尹氏之主諸侯由其在畿内故日之今此劉卷之主諸侯亦在畿内而不日者正以尹氏之主諸侯乃是天王崩憤瞀急公其恩重矣劉卷之主諸侯乃在召陵之會故不書日見其輕矣知云不日者比尹氏以天子喪爲主重也言劉卷卒所以不書日者若比尹氏之特尹氏以天子喪爲主重故書日劉卷但爲會主其恩輕故不日矣

○葬杞悼公。

○楚人圍蔡。囊瓦稱人者楚爲無道拘蔡昭公數年而復怨蔡歸有言伐之故貶明罪重於圍

【疏】注囊瓦至於圍○解云正以下傳云爲是與師使囊瓦將而伐蔡故知此文楚人者是囊瓦矣言爲蔡昭公數年而復怨蔡歸有言伐之者皆下傳文云故貶明罪重於圍者謂由是之故貶之稱人明其罪重異於凡常之圍罪不至貶即哀九年○楚子以下圍蔡之屬是也

○晉士鞅衛孔圉帥師伐鮮虞。圍魚呂反左氏作圍虞本或作吳音虞

○葬劉文公。外大夫不書葬此何以書録我主也。其實以主我恩録故云爾舉采者禮諸侯入爲天子大夫更受采地於京師天子使大夫爲治其有功而卒者當益封其子時劉卷以功益封故不以故國以采地書葬起其事因恩以廣義也稱公著明本諸侯也○舉采七代反下采地同

【疏】注舉采至也○解云劉卷本是諸侯者正以其非稱公故也知天子使大夫爲其國者正以此人身在王朝明其本國須有治之者云有師卒者當益封其子者正以父子並得之故謂之並云不以故國者經使無文不知其故因是何云因恩以廣義也者因有主會之恩遂舉采稱公以廣見其本是諸侯之義也稱公者明本諸侯也者正以天子大夫本無稱公之義今葬劉文公乃與葬晉文公之屬相似故也

○冬十有一月庚午蔡侯以吳子及楚人戰于伯莒楚師敗績。吳何以稱子。据滅徐稱國○伯莒左氏作伯舉

【疏】注据滅徐稱國○解云即昭三十年冬十二月吳滅徐徐子章禹奔楚是也

夷狄也而憂中國。言子起憂中国言以明爲蔡故也與相十四年同○

疏注言以至年同○解云桓十四年冬宋人以齊人以下伐鄭傳云以者可行其意也彼注云以已從人曰行言四國行宋意也是也

其憂中國奈何伍子胥父誅乎楚挾弓而去楚挾弓者懷格意也礼天子雕弓諸侯彤弓大夫嬰弓士盧弓○挾弓音協又子協反雕下遼反彤大冬反嬰弓於耕反見司馬法盧力吳反

疏注挾弓至意也○解云格猶拒也言所以挾弓者謂若君使人遶之時已即懷拒之意故曰挾弓者懷格意也若以今人謂不順之處爲格化之類也或云格來也言所以挾弓者懷欲到來復讎之意○注礼天子至盧弓○解云古礼無文也

以干闔廬不待礼見以干欲因闔廬以復讎○禮見賢遍反下不見同闔廬曰士之甚言其以賢士之甚○勇之甚將爲之興師而復讎于楚伍子胥復曰諸侯不爲匹夫興師必須因事者其義可得因公無事而以匹夫興師討諸侯則不免爲亂○將爲于僞反下不爲也不爲匹爲是注爲子胥同○其臣聞之事君猶事父也虧君之義復父之讎臣不爲也於是止蔡昭公朝乎楚有美裘焉囊瓦求之昭公不與爲是拘昭公於南郢數年然後歸之於其歸焉用事乎河時出如晉請伐楚因祭河○囊乃郎反郢以井反又以政反○

疏爲是拘昭公於南郢○解云蓋以楚於諸夏差而近南故謂之南郢若宣十二年傳云南郢之與鄭相去數千里何氏云南郢楚都之類是也○注時出至祭河解云正以河非楚蔡之間也

曰天下諸侯苟有能伐楚者寡人請爲之前列楚人聞之怒見侵後聞蔡有此言而怒

疏注見侵至而怒○解云正以上文楚人圍蔡在侵楚之後故也而伐蔡者即下楚人圍蔡是也圍而言伐者辛據名故也

爲是興師使囊瓦將而伐蔡蔡請救于吳伍子胥復曰蔡非有罪也楚人爲無道君若

[illegible]

其用[illegible]

[illegible]其國門之事[illegible]

[illegible]典[illegible]與師[illegible]

[illegible]土以[illegible]

如有憂中國之心則若時可矣猶曰若是時可興師矣激發初欲興
師意○將子匠反激古狄反○於是興師而救蔡不書與子胥俱者舉君爲重子胥不
見於經得爲善者以吳義文得成之也雖不舉子胥爲非懷惡而討不義君子不得不與也○疏而救蔡解云不
書救蔡者止以蔡爲兵故首也○注子胥至成之也○解云案此傳文有善子胥之意子胥不得見於經而得爲善之者
正以吳得進而稱子是其義文以是之故得成子胥之善故曰以吳義文得成之也○注雖不至與也○解云吳子若憂
救蔡討楚而敗之也是其憂中國尊事周室之義但聽用子胥之謀兼有爲復讎之意是以傳家取而說之遂舉子胥之
辭以見之雖舉子胥之辭但非懷惡而討不義是以君子與之昭十一年楚子誘蔡侯之下傳云懷惡而討不義君子不
予也故注者取而說之○曰事君猶事父也此其爲可以復
讎奈何曰父不受誅不受誅罪不當誅也子復讎可也孝經
曰資於事父以事君而敬同本取事父之敬以事君而父以無罪爲君所殺諸侯之君與王者異於義得去君臣已絕故



可也孝經云資於事父以事母莊公不得報讎文姜者母所生雖輕於父重於君也易曰天地之大德曰生故得絕不得
殺○疏注本取事父以事君○解云何氏之意以資爲取與鄭異鄭注云資者人之行也注四制云資猶操也然
則言人之行者謂人操行也云云之說具於孝經疏○注莊公至君也○解云莊元年注云公言遜者明但當推逐夫之
罪不可誅誅不加上之義是也○注易曰至曰生○解云下繫辭文也○父受誅子復讎
推刃之道也子復因非當復討其子一往一來曰推刃○當丁浪反○復讎不除
害取讎身而已不得兼讎子復將恐害己而殺之時子胥因吳之衆墮平王之墓燒其宗廟而已昭王雖可得殺
不除云○墮許規反去起呂反疏注時子胥至而已○解云春秋說文也彼文又云鞭平王之尸血流至踝此注
不言之者省文也案昭二十六年秋九月楚子居卒至今十餘年矣而言血流至踝者非常之事寧可常理言之或者蓋
以子胥有至孝之至精誠感天使血流所以快孝子之心也○朋友相衛同門曰朋同志曰友相衛
不使爲讎所勝時子胥因仕於吳爲大夫君臣言朋友者闔廬本以朋友之道爲子胥復讎孔子曰益者三友損者三友

友直友諒友多聞益矣友便辟友善柔友便（疏）注同門至
佞損矣○辟婢亦反辯佞如字本亦作便佞　損矣○解
云出蒼頡篇滇主謂司馬遷云李陵幷汲同門之朋同志之
友乎義亦通於此而書傳散宜生等受學於大公大公　除師
學之礼習酒切肺約爲朋友然則大公爲師而言朋者　盡大
公知其非常人遂除師學之礼以友朋之道待之也既除師
學之禮違朋言之亦何傷云君臣言朋友者云云即詩云朋
友攸攝攝以威儀注云明友謂羣臣與成王同志好者義亦
通於此云孔子曰益者三友云云論語文引之者道闔盧子
胥相與爲友盡以闔廬爲諒何者謂一詩爲之興師終不變
悔是也盡以子胥爲直與多聞何者不敢虧君之義復父之
讎是其直也子胥賢者博古今之事是其多聞矣便辟謂巧
爲譬喻善柔謂口柔面柔躰之屬辯佞謂爲諂矣案今世間
有一論語音便辟爲便僻者非鄭氏之意通人所不取矣○

**而不相迿**　迿出表辭猶先也不當先相擊刺所以伸孝
子之恩○迿音峻又音迅又玄徧反先也刺
七亦（疏）注迿出至先也○解云依大司馬田獵習戰之時
反○　云爲表百步則一爲三表又五十步爲一表然則
表者謂其戰時旅進旅退之限約迿者謂不顧步伍勉力先
往之意故曰出表辭若然所以伐吳之經不使子胥爲兵首



者盡以吳王討楚兵爲蔡故
目卒君爲重是以不得見也
**古之道也○楚囊瓦出奔鄭○庚辰吳入楚吳何以不稱子**　據狄人盟于邢
有進行稱人（疏）楚囊瓦出奔鄭○解云左氏以爲戰不勝
○行下孟反　而去上經稱人者服虔氏云知見伐田已
故懼而出奔蓋何氏與之同而戰時稱人者行不進矣○注
據狄至稱人○解云即僖二十年秋齊人狄人盟于邢何氏
云狄稱人者能常
與中國也是也○
**反夷狄也其反夷狄奈何君舍于君室大夫舍于大夫室蓋妻楚王之母也**
舍其室因其婦人爲（疏）注日者惡其無義也者正以春秋
妻日者惡其無義○　之義入例書時傷害多則月即定
五年夏於越入吳僖三十三年春王正月
秦人入滑之屬是今而書日故須解之

**五年春王正月辛亥朔日有食之**　是後臣恣日甚魯失國寶
宋大（疏）注是後至夫叛○解云臣恣謂下八年秋晉趙鞅帥
夫叛　師侵鄭遂侵衛之文是也云魯失國寶即下八年

[illegible]

冬盜竊寶玉大弓傳云季氏之宰則微者也惡乎得國寶而竊之是也云宋五大夫叛即下十一年春宋公之弟辰及仲佗石彄公子地自陳入于蕭以叛秋宋樂世心自曹入于蕭何氏云不言叛者從叛臣叛可知是也○夏歸粟于蔡孰歸之諸侯歸之曷爲不言諸侯歸之據齊人來歸衛寶○疏注據齊至衛寶解云在莊六年離至不可得而序故言我也時爲蔡所被強楚之兵故歸粟與戍陳同義○爲于僞反○疏注時爲至之粟○解云即老子云大兵之後必有凶年彼注云言妨其耕稼是也○注與戍陳義○解云即襄五年冬戍陳傳云孰戍之諸侯戍之曷爲不言諸侯戍之離至不可得而序彼注云離至離別前後至也陳坐欲與中國彼強楚之害中国宜雜然同心救之乃觧怠前後至不序以刺中國之無信故言我也注云言我者以魯至時書與魯微者同文微者同文者使若城楚丘辟魯獨戍之令歸粟于蔡之義亦然故云與戍陳同義矣然則彼已有傳而復發之者正以歸戍之文異故同之○於越入吳於越者何越者何不言或者嫌兩國○疏於越者何○解云正以越爲國名經典通稱忽加於字故執不知問○越者何○解云問昭三十二年夏吳伐越之屬矣正以此文加於字是以單言越者翻然可怪故執不知問○不言至兩國○解云隱元年傳云曷爲或言會或言及之屬皆言或今此何故不云曷爲或言於越或言越者穿予之意本疑於越與越爲兩國是以分別而問之舊云正以僖四年傳云執者曷爲或稱侯或稱人稱侯而執者伯討也稱人而執者非伯討也然則彼言或者乃是兩事之辭今此若云曷爲或言越或言於越則嫌爲兩國是以別之○於越者未能以其名通也越者能以其名通也越人自名於越君子名之曰越治國有狀能與中國通者以中國之辭言之曰越治國無狀不能與中國通者以其俗辭言之因其俗可以見善惡故云爾赤狄以赤進者狄於北方總名赤者其別與越異也吳新憂中國士卒罷敝而入之疾罪重故謂之於越○見賢編反卒子忽反罷音皮弊本亦作敝音同○疏注治國有狀云云治國無狀云云○解云此狀謂模狀也模狀猶規矩若有規矩是得先王之術故謂之道若無規矩是失治國之法當獲咎禍故謂之退是以此注云治國有狀云云治國無狀云云凶儀云無狀招禍義亦通

於此亦有一本狀皆作礼字但非古本是以不能得從之也
註赤狄至異也○解云正以宣十一年秋晉侯會狄于欑函
之文直單言狄不言赤矣宣十五年夏晉師滅赤狄潞氏傳
云潞子之爲善也離于夷狄是其加赤爲進之事也但狄者
北方之惣名乃是鄙賤之號赤者是其別稱故得加之爲稍進
矣今越者乃是其國名若似齊晉魯衛之屬諸夏之人有礼
儀者其國名之上不見加於處雖有越爲此文尋檢其事此
時入吳欲合罪貶故注之○注疾罪至於越○解云夷狄之
稱止有七等之名州不若國最其賤者今
乃加於見其入吳之疾故以罪重言之○ ○六月丙申
季孫隱如卒 仲遂以貶起弑是不貶者其遂君者文十君出爲重故從季辛起之猶衛孫甯○弑音
試○疏 注仲遂至孫甯○解云宣八年仲遂卒于垂傳云仲
遂者何公子遂也何以不稱公子貶曷爲貶爲弑子
赤貶是其以貶起弑也案公子翬仲遂之類而不據之者以
其無卒文故也今此欲道隱如之卒經無貶文故據卒時有
貶文者言之也欲舉君出爲重者即昭二十五年九月己亥
公孫于齊是也言舉其君出爲重即隱如之罪已重是以於
卒不復貶也言故從季辛起之者即昭二十五年秋七月上
辛大雩季辛又雩者彼注云不言下辛言季辛者起季氏不



執下而逐君是也言季辛已起其逐君之義是以於卒不勞
更貶也言猶衛孫甯者即襄十四年夏四月己未衛侯衎出
奔齊注云不書孫甯逐君者舉君絕爲重是也 ○秋七月壬子叔孫不敢
卒○冬晉士鞅帥師圍鮮虞

監本附音春秋公羊註疏卷二十五

# 監本附音春秋公羊注疏卷二十五

[illegible]

何休學

六年春王正月癸亥鄭游遬帥師滅許以許男斯歸○二月公侵鄭致者內有彊臣之讎不能討而外結怨故危之公至自侵鄭○夏季孫斯仲孫何忌如晉○秋晉人執宋行人樂祁犂○冬城中城○季孫斯仲孫忌帥師圍運此仲孫何忌也曷爲謂之仲孫忌譏二名二名非禮也爲其難諱也一字爲名令難言而易諱所以長臣子之敬不逼下也春秋定哀之間文致太平欲見王者治定無所復爲譏唯有二名故譏之此春秋之制也○爲其于僞反令力呈反易以豉反以長丁丈反大音泰見賢徧反治直吏反復扶又反○

疏 冬季孫斯仲孫忌○解云古本無何字有者衍也穀梁及賈經皆無何字文哀公三年經云晉魏多帥師侵衛傳云此晉魏曼多也曷爲謂之晉魏多譏二名二名非礼也以此言之則此經無何明矣而賈氏云公羊曰仲孫何忌者蓋誤○此仲孫至之仲孫忌○解云正以上文夏仲孫何忌如晉之文也○注一字至逼下解云難言者謂言難著既不言君父之名即是臣子之敬故曰長臣子之敬也動不違礼爲下之易故曰不逼下也云春秋定哀之間文致太平者實不太平但作太平文而已故曰文致太平也案春秋說昭公亦爲所見之世而此注偏指定哀爲太平者正以昭公之時未譏二名故也云唯有二名故譏之者文王之臣散宜生孔子門人宓不齊之屬皆親事聖人而以二字爲名者謂依古礼若似堯名放勳舜名重華禹名文命宣王之興名子爲宮皇之屬是也但孔子作春秋欲改古礼爲後王之法是以譏其二名故注即言此春秋之制也然則傳云二名非礼者謂非新王礼不謂非古礼也○

七年春王正月○夏四月○秋齊侯鄭伯盟于鹹○鹹音咸○齊人執衛行人北宮結以侵衛○

[illegible]○[illegible]

九年春王正月○夏四月○[illegible]

[illegible]

六年春王[illegible]

監本春秋[illegible]卷二十[illegible]

齊侯衛侯盟于沙澤。大雩先是公侵鄭城中城季孫斯仲孫忌如晉圍運費重不恤民之應。費重芳味反下同。【疏】注先是公侵鄭。解云即上六年二月公侵鄭是也云城中城者即上六年冬城中城是也云季孫斯仲孫忌如晉者在上六年夏而於城中城之下言之者蓋逐重者先言之故也云圍運者即上六年冬季孫斯仲孫何忌圍運是。齊國夏帥師伐我西鄙。九月大雩承前費重不恤民又重之以齊師伐我我自救之役。重之直用反。

冬十月

八年春王正月公侵齊公至自侵齊。二月公侵齊三月公至自侵齊出入月者內有彊臣之讎外犯彊齊再出尤危於侵鄭故知入亦當蒙上月。【疏】春王正月公侵齊。解云侵伐例時而此月者正以內有強臣之讎而外犯彊齊故危之。公至自侵齊。解云以例言之不蒙上月矣。注出入至上月。解云正以春秋之例有雖在月下而不蒙



月者故賈氏云還至不月爲曹伯卒月是也故何氏分疏之云此定公侵齊所以出入月者正以內有強臣之讎不能討而外犯強齊頻頻再出尤危於六年侵鄭之時故知其入亦當蒙月也上六年二月公侵鄭彼注云月者內有強臣之讎不能討而外結怨故危之也下經始云公至自侵鄭則知何氏以爲至不蒙月故此決云再出尤危於侵鄭故知入亦當蒙月也。曹伯露卒。夏齊國夏帥師伐我西鄙。公會晉師于瓦公至自瓦此晉趙鞅之師也但言晉師者君不會大夫之辭也公會大夫不別得意雖得意不致此致者諱公爲大夫所會故使若得意者。別彼列反【疏】注此晉至之辭。解云正以下經云晉趙鞅帥師侵鄭遂侵衛故知此言公會晉師是趙鞅之師矣宣元年秋趙盾帥師救陳宋公以下會晉師于棐林伐鄭傳云此晉趙盾之師曷爲不言趙盾之師君不會大夫之辭也今此文勢與彼正同故此何氏取彼傳文以解之。注公會至不致。解云莊六年作注云公與二國以上出會盟得意致會不得意不致公與一國出會盟得意致地不得意不致然則公與諸侯尊同體敵莫肯相下故須別之見其得意與否若與大夫盟會之

時尊卑異等得意可知何勞別之乎故僖二十五年冬公會
衛子莒慶盟于洮何氏云洮內地公與未踰年君大夫盟不
別得意雖在外猶不致也是云此致者諱公爲大夫所會故
使若得意者正以公與一國出會盟得意致地不得意不致
今此書致故云使若得意者 ○秋七月戊辰陳侯柳卒○晉趙
鞅帥師侵鄭遂侵衛○葬曹竫公○曹竫才井反本亦作靖
○九月葬陳懷公○季孫斯仲孫何忌帥師
侵衛○冬衛侯鄭伯盟于曲濮○濮音卜○從祀先
公從祀者何順祀也復文公之逆祀 疏 從祀者何○解云欲言其祭經無宮
廟之文欲言非祭謂之從祀故執不知問 文公逆祀去者三人諫不從而去之 疏
文公逆祀去者三人○解云謂文二年八月丁卯大事于大廟躋僖公傳云躋者何升也何言乎升僖公譏何譏爾逆祀
也其逆祀奈何先禰而後祖也是也 定公順祀叛者五人諫不以禮而去曰叛去與



叛皆不書者微也不書禘者後祫亦順非獨禘也言
祀者無已長久之辭不言僖公者閔公亦得其順○疏注諫
不至曰叛○解云謂諫君全不以禮不從之而去者謂之叛
也○注不書至禘也○解云何氏之意以爲三年一祫五年
一禘謂諸侯始封之年禘祫並作之但夏禘則不礿秋祫則
不嘗而已一祫一禘隨次而下其間三五參差亦有禘祫同
年時矣若其有喪正可於喪畢其祫禘之年仍自乘上而數
之即僖八年禘于大廟之時禘祫同年矣至文二年大事於
大廟之下傳云大事者何大祫也何氏云從僖八年禘數之
知爲大祫是從僖八年禘祫同年數之即文二年爲祫年文
五年爲禘祫同年又隨次而數之至今定八年亦禘祫同年
矣凡爲祭之法先重而後輕禘大於祫固當先之則知此言
從祀先公者是禘明矣故云不書禘者後祫亦順非獨禘也
若然既言是禘理宜在夏而在冬下者當之矣○注言祀至
之辭○解云桓八年傳云春曰祠何氏云祠猶食也猶繼嗣
也春物始生孝子思親繼嗣而食之故曰祠因以別死生然
則此經何以不言從祭先公或言大事于先公而言祀者見
其相嗣不已長久常然故云言祀者無已長久之辭○注不
言至其順○解云閔二年夏五月乙酉吉禘于莊公僖八年
秋七月禘于大廟文二年八月丁卯大事于大廟之文皆道

其人今此經文所以不言從祀僖公而言先公者正以閔公亦得其順是以不得特指之。盜竊寶玉

大弓盜者孰謂微而竊大可怪故問之。疏注微而至問之○解云哀四年傳云弑君賤者窮諸人此其稱盜以弑何賤乎賤者也然則盜是微賤之稱寶玉大弓國之重宝故云微而竊大也謂陽

虎也陽虎者曷爲者也季氏之宰也季氏之陪臣爲政者疏注季氏至政者○解云季氏之宰於國爲陪臣而爲政于魯故曰爲政也季氏之宰

則微者也惡乎得國寶而竊之陽虎專季氏

季氏專魯國陽虎拘季孫季氏逐昭公之後取其宝玉藏於其家陽虎拘季孫奪其宝玉季孫取玉不書者季孫逐君爲重○惡乎音烏○疏注季氏逐昭公者○解云在昭二十五年秋○

孟氏與叔孫氏迭而食之瞰而鋟其板以爪刻其饋斂板○迭大結反注同食之音嗣下注迭食同瞰而五多反下同鋟本又作鐵七廉反又且審反以爪刻饋斂板也本或作



鈒誤疏注以爪刻至板○解云謂以指爪刻其饋器之上斂藏衣物之板謂盖板也○曰某月某

日將殺我于蒲圃力能救我則於是於是時○圃本又作甫同布古反又音布至乎日若時而出臨南者陽虎之出

也御之爲季孫御疏至乎日若時○解云謂至于某日如約之時也以此言之則知上文云某月某日宜亦言其時但傳家省去之至此乃言若時以刻日也○臨南至之出○解云姊妹之子謂之出盖是虎之外生也或云從其家出而仕于公亦不妨下季氏云世世有子是矣於其乘焉者謂於其上車之時矣○於其乘焉

季孫謂臨南曰以季氏之世世有子言我季氏累世有女以爲臣○其乘繩證反下皆同女音汝○子可以不免我死乎以義責之臨

南曰有力不足臣何敢不勉陽越者陽虎之

從弟也爲右爲季孫車右夾衛之○從弟才用反下同疏注夾衛之○解云謂守衛季孫

不令走諸陽之從者車數十乘至于孟衢孟氏衢四達可
以橫去○數所主反疏注衢四至橫去○解云即釋宫四達謂之衢李巡云四達各有所至曰衢孫氏曰交道四
出是也○臨南投策而墜之策馬捶也見二家跌食之欲將季孫由孟氏免之恐陽越
不聽故詐投策欲使下車○而墜直類反捶章蘂反陽越下取策臨南駷馬捶馬
銜走○駷本又作敕字書無此字相承用之素動反而由乎孟氏陽虎從而
射之矢著于莊門莊門孟氏所入門名之言幾仲季孫賴門關故著門○射食亦反著直
略反注同莊本或作嚴亦音莊幾音祈中丁仲反○然而甲起於琴如甲公斂處父所
師也琴如地名二家欲出期故於是時起兵疏注甲公至地名○解云即下傳云既駕公斂處父帥師而至是
也○注二家至起兵○解云即上傳云力能救我則於是是也弒不成却反舍于郊
皆說然息說解舍然猶如○弒不音試下同郤反去略反本又作却說然本又作稅始銳反又他會

大二三六八小五三六八　公九二十六　五　梁丁

反注同說解舍也然猶如也○疏弒不成○解云正以季孫於陽虎爲君故謂之弒也却反舍于郊者謂上文陽
虎從而射之時遂之蜀孟氏今而還去舍於郊故曰却反舍于郊不謂直從郊來○或曰弒千乘
之主時季氏邑至於千乘而不克舍此可乎嫌其近而無所依○陽虎
曰夫孺子得國而已得免專國家而已○如丈夫何如猶奈也
文夫大人稱也○稱尺證反睋而曰彼哉彼哉望見公斂處父師而曰彼哉彼哉再
言之者切遽意○遽其慮反趣駕使疾駕○趣七欲反一音七住反○既駕公斂處
父帥師而至公斂處父孟氏叔孫氏將兵之將○疏注公斂至之將解云左氏以爲孟
氏家臣○權叛後得免自是走之晉寶者何璋判
白判半也半圭曰璋白藏天子青藏諸侯魯得郊天故錫以白不言璋言玉者起珪璧琮璜璋五玉盡亡之也傳
獨言璋者所以郊事天尤重詩云奉璋峨峨髦士攸宜是也乳隼以朝璧以聘琮以發兵璜以發衆璋以徵召○璋其斷

[illegible]

[illegible] 貞 [illegible]

[illegible] 國 [illegible]

[illegible] 比 [illegible] 貞 [illegible] 不 [illegible] 方來 [illegible] 夫 [illegible]

[illegible] 之 [illegible] 吉 [illegible]

[illegible]

反璋音章琮在宗反璜音黄峨疏宝者何。解云欲言貴
峨五多反本又作蛾髦音毛物微者竊之欲言賤物
文在弓玉之上故執不知問。注半圭曰璋。解云釋器無
文云白藏天子青藏諸侯春秋説文云不言璋言玉者起珪
璧琮璜璋五玉尽亡之也者正以玉爲摠名故也。注詩云
至微召。解云言文王祭皇天上帝時在助祭者奉此半珪
之璋其儀容峨峨盛壯矣尽是俊士之所宜利何氏與鄭同
云礼珪以朝璧以聘琮以發兵璜以發衆璋以徵召者時王
之礼
也弓繡質質椨也言大者力千斤。椨芳甫反又方于反疏注言大者力千斤。解云
千斤之文何氏有所見家語云三十斤爲鈞謂之石然則千
斤之弓其力八石三斗有餘故左傳云可以威不軌戒不虞
也龜青純純緣也謂緣甲頿也千歲之龜青髯明于吉凶易曰定天下之吉凶成天下之亹亹者莫
善乎著龜經不言龜者以先知從宝省文謂之宝者世世宝
用之辭此皆魯始封之錫不言取而言竊者正名也定公從
季孫假馬孔子曰君之於臣有取無假而君臣之義立主書
者定公失政權移陪臣拘其尊卿喪其宝玉無以合信天子
交質諸侯當絶之不書拘季孫者舉五玉爲重書大弓者使
若都以國宝書微辭也。青純之閏反注同純緣悦維反下
大九八六五九　八公哀二十九　八之　治書
同頿而占反亹文匪反著音尸喪息浪反疏注千歲之龜青頿。解云以時事知之也。注易曰不著龜也。解
云此皆上繫辭文也今易本善作大字爲異彼注云凡天下
之善惡及没没之衆事皆成定之言其廣大無不乃也。注
經不言龜至微辭也。解云弓繡質龜青純然則此等皆喪
之而經言大弓特不言龜者正以礼器外特牲陳幣之時云
龜爲前列先知也以其先知故得從宝省文然則龜非珠玉
而得從宝省文者以其能定吉凶可以世世保而用之故注
云謂之宝者世世保用之辭云此皆魯始封之錫者左傳定
四年具有其文也云不言取而言竊者正名也者正所以不
言盗取而言竊者盗是卑賤之稱是以不得言取也竊者是
其正名是以即引家語以證之定公從季孫假馬孔子曰君
之於臣有取無假而君臣之義立者家語文云無以合信天
子交質諸侯當絶之者即上注云珪以朝璧以聘今珪璧盡
亡故言此也云書大弓者使若都以國宝書微辭也者言大
弓與龜皆可保用所以龜得從宝省文而特書大弓不省文
使若都以國宝書作微辭之義何者經言盗竊宝玉大弓若
似所謂宝玉者即大弓是言可以世傳保而金玉之然故得
爲微辭也

九年春王正月。夏四月戊申鄭伯囆卒。勑邁反左氏作蠆○得寶玉大弓何以書國寶也喪之書得之書微辭也使若鄆以重國寶故書不以罪定公者其寶失之當坐得之當除以竊寶不月知得例不蒙上○喪息浪反

疏注微辭至故書。解云寶玉大弓者乃是周公初封之時受賜于周之物而以藏之魯者欲使世世子孫無忘於周而定公失之季氏奪之皆當合絶而上文直言盜竊寶玉大弓此文直云得寶玉大弓傳云何以書國寶也得之書喪之書不見賤之者正言作微辭使若鄆以重國寶之故而書之文更無刺譏之義也然則此言微辭者仍與上文共為一事以上元年定哀多微辭之下何氏直數喪失國寶而已。注不已至當除。解云上文之下有注云無以合信天子交質諸侯當絶今此寧知不復闕絶之者正以得之當除故也杜氏云弓玉魯之分器得之足以為榮失之足以為辱故重而書之義亦通於此云以竊寶不月云云者即上八年經云冬衛侯鄭伯盟于曲濮從祀先公盜竊寶玉大弓是也則知今雖文承四月之下不蒙上月明矣○六月葬鄭獻公○



秋齊侯衛侯次于五氏欲伐魯也善魯能却難早故書次而去○郤難起略反下乃旦反郤亦作郄

疏注欲伐至而去。解云知欲伐魯者正以直書其次上下更無起文乃與莊十年夏六月齊師宋師次于郎公敗宋師于乘丘之文同故知亦欲伐魯也故彼傳云其言次于郎何伐也我能敗之故言次也是也彼注云此解本所以不言伐言次意也二國纔止次未成於伐魯即能敗宋師齊師罷而去故不言伐言次也明國君當強折衝當遠魯微弱深見犯至於近邑乃能速勝之故云爾所以強內者是其書次云欲伐魯善其却難早之文其餘見言次不欲伐魯者皆自有起文即次聶北救邢伐楚次于陘之屬是也○秦伯卒○冬

葬秦哀公

十年春王三月及齊平月者頰谷之會齊侯欲執定公故不易○不易以豉反下同

疏注月者至不易。解云下十一年冬及鄭平叔還如鄭涖盟則知平例書時而有月者皆見義矣而言不易者即若十三年冬公會齊侯盟于柯傳云何以不日易也何氏云易猶佼易也相親信無後患之辭然則此書月者頰

谷之會齊侯欲執定公故不易宣十五年夏五月宋人及楚人平之下何氏云月者專平不易昭七年春王正月暨齊平何氏云月者剌內暨暨也者皆與鄉解合○夏公會齊侯于頰谷公至自頰谷上平爲頰谷之會不易故月致地者頰谷之會齊侯作侏儒之樂欲以執定公孔子曰匹夫而熒惑於諸侯者誅於是誅侏儒首足異處齊侯大懼曲節從教得意故致也○頰谷古協反左氏作夾谷熒惑音螢一音于瓊反處昌慮反疏注上平至致地○解云莊六年何注云公與一國出會盟得意致地不得意不致即指二年秋公及戎盟于唐冬公至自唐隱二年秋八月庚辰公及戎盟于唐之屬是也今此上平爲頰谷之會不易故月即此平不得意也而致地者正以初雖見脅終竟得意故也云頰谷之會至曲節從教家語及晏子春秋文也○晉趙鞅帥師圍衛○齊人來歸運讙龜陰田齊人曷爲來歸運讙龜陰田据齊昔取魯邑疏注据齊至魯邑解云即宣元年六月齊人取濟西田哀八年夏齊人取讙及闡之文是也孔子行乎季孫三月不



違孔子仕魯政事行乎季孫三月之中不見違過是違之也不言政行乎定公者政在季氏之家疏孔子至不違○解云孔子家語亦有此言者以家語言之孔子今年從邑宰爲司空既爲大夫故有行於季孫之義齊人爲是來歸之齊侯自頰谷會歸謂晏子曰寡人或過於魯侯如之何晏子曰君子謝過以質小人謝過以文齊嘗侵魯四邑請皆還之歸齊西田不言來此其言來者已絕魯不應復得故從外來常文與齊人來歸衞寶同夫子雖欲不受定公貪而受之此違之險○爲于僞反復得扶又反年末及十一年同疏注齊侯自頰谷至還之○解云皆晏子春秋及家語孔子世家之文其四邑者蓋運也讙也龜也陰也邑而言田者桓元年傳云田多邑少稱田然則此等皆是土地頃畝多邑內人民少故稱田龜亦是邑非山名賈服異者欲同於賈服即云上二邑邑內人民多故舉邑名龜陰言田者龜是山名直得田而不得邑而言侵魯四邑請皆歸之者謂雖有此請齊君不全許是以但得二邑而已蓋非何氏之意○注歸濟至寶同○解云宣十年齊人歸我濟西田者是其不言來之文也言已絕魯不應復得者即彼傳云齊已取之矣其言我何未絕于我也曷爲未絕於我齊已言取之矣注云齊已言語許取之其實未之

齊也注云其人民貢賦尚屬於魯實未歸於齊不言來者明
不從齊來不當取邑然則彼以未絕於魯魯猶合得之明其
不從齊來齊人不當坐取邑故不言來此言來者入齊已久
絕于魯魯不應復得之故言來從外來常文也言魯不應復得
者止以不能保守先君田邑而失之故也言與齊人來歸讙
實同者即莊六年冬齊人來歸衛寶是也○注夫子至之驗
解云知夫子雖欲不受者正以四邑屬齊年歲淹久已絕于
魯魯不應得頰谷之會討撥侏儒威劫齊侯方始歸之雖曰
獲田君子不貴故知孔子之意不欲受也若然莊十三年曹
子手劒而劫桓公是以齊人歸我汶陽之田何氏云劫桓公
取汶陽田不書者諱行詐劫人也然則此亦威劫齊侯而得
田邑與彼不異而書不諱者正以曹子本意行劫以求汶陽
之田君子恥其所爲故不書也今在頰谷之會孔子相儀正
欲兩君揖讓行盟會之禮阻齊爲不道故威魯侯而欲執之
孔子誅之手足異處齊侯內懼歸其四邑以謝焉於其本情
實非劫非書而不諱不亦宜乎言此違之驗者欲對上傳云
孔子行乎季孫三月不違文也○叔孫州仇仲孫何忌帥師圍郈
○郈音后○秋叔孫州仇仲孫何忌帥師圍費○宋樂



世心出奔曹○宋公子池出奔陳○池左氏作地【疏】郈帥師
圍費者○解云左氏穀梁此費字皆爲郈但公羊正本作費
字與二家異賈氏不云公羊曰費者蓋文不備或所見異也
宋樂世心者世字亦作泄字者故賈氏言焉左氏穀梁作大
字會于鞌者左氏穀梁作安甫賈氏不云公羊曰鞌者亦是
文不備穀梁經甫亦有作浦字者○冬齊侯衛侯鄭游遬會于鞌
○于鞌左氏作安甫○叔孫州仇如齊○宋公之弟辰暨宋
仲佗石彄出奔陳復出宋者惡仲佗悉欲帥國人去公故舉國言之公子池樂世心石彄
從之皆是也辰言暨者明仲佗強與俱出也三大夫出不月者舉國危亦見矣○暨其器反佗大多反彄古侯反惡烏路
反強其丈反見賢編反【疏】注復出宋至出也○解云如此注者正以昭二十年冬十月宋華亥向寧華定出奔
陳不重言宋向寧也云公子池樂世心石彄從之皆是也者下十一年經文也云辰言暨者明仲佗強與俱出也者正以
隱元年傳云暨猶暨暨也及我欲之暨不得已也然則弟辰是時事不然已而從去故言明仲佗強與俱出也知非辰強

之者正以莊三十二年公子牙昭元年招之屬以其有罪皆去弟以貶之今不去弟故知仲佗強之矣○注三大至見矣解云春秋之例外大夫出奔悉書時即襄二十一年秋晉欒盈出奔楚二十八年冬齊慶封來奔之屬是也其衆出奔者於國為危故書月即昭二十年冬十月宋華亥向甯華定出奔陳何氏云月者危三大夫同時出奔將為國家患明當防之是也然則彼以三大夫同出奔是以書月以見危此亦三大夫同出不月者正以舉國見其欲率國人去其危亦見矣是以不勞書月以見危也

十有一年春宋公之弟辰及仲佗石彄公子地自陳入于蕭以叛不復言宋仲佗者本舉國已明矣辰言及者後汲汲當坐重○復扶又反 疏 注本舉至坐重○解云謂奔時舉言宋仲佗是其欲率國人去已明矣是以此經不復言宋也云辰言及者後汲汲當坐重者正以隱元年傳云及猶汲汲及我欲之故知辰言及者是其汲汲也而言後汲汲者欲言初出之時事不獲已未及汲汲也言當重者惡其母弟之親而汲汲於叛故當合坐重於疏者○夏四月○



秋宋樂世心自曹入于蕭不言叛者從叛臣叛可知 疏 注不言至可知○解云決上經自陳入于蕭以叛文也○冬及鄭平○叔還如鄭涖盟

十有二年春薛伯定卒不日月者子無道當廢之而以為後未至三年失衆見弒危社稷宗廟禍端在定故略之○見殺音弒 疏 注不日至略之○解云今責日月者正以所見之世小國之卒例書日月即昭三十一年夏四月丁巳薛伯穀卒之屬是也今不具日月故解之言子未三年失衆見弒者即下十三年冬薛弒其君比是也春秋之例稱國以弒者失衆見弒之辭故文十八年冬莒弒其君庶其傳云稱國以弒者衆弒君之辭何氏云一人弒君國中人人盡喜故舉國以明失衆當坐絕也例皆時者略之也故此作注云未至三年失衆見弒也云禍端在定定字亦有作在是字者今解從定也○夏葬薛襄公○叔孫州仇帥師墮郈○墮許規反下同○衛公孟彄帥師伐曹○季孫斯仲孫何忌帥師墮費[illegible]帥

師墮郈師帥師墮費據城費疏注據城費。解云即襄七年城費是也然則彼時城費今乃墮之似於義反故以爲難孔子行乎季孫三月不違曰家不藏甲邑無百雉之城於是帥師墮郈帥師墮費郈叔孫氏所食邑費季氏所食邑二大夫宰吏數叛患之以問孔子孔子曰陪臣執國命采長數叛者坐邑有城池之固家有甲兵之藏故也季氏說其言而墮之故君子時然後言人不厭其言書者善定公任大聖復古制弱臣勢也不書去甲者舉墮城爲重。吏數所角反采長七代反下丁丈反說音悅厭於豔反去起呂反

疏孔子行至三月不違。解云案上十年齊人來歸邑之下傳云孔子行乎季孫三月不違以此言之三月之外違之明矣故上有注云定公貪而受之此違之驗然則三月之後必設違之今此傳文復言之者蓋不違有二何者案如家語定十年之時孔子從邑宰爲司空十一年又從司空爲司寇然則爲司空之時能別五土之宜咸得其所爲季孫所重是以三月不違也齊人遂懼來歸四邑矣及作司寇上時攝行相事設法而用之國無姦民在朝七日誅亂政大夫少正卯戮于兩觀之下尸諸朝三日政化大行季孫重之復不違三月是以此傳文言其事矣。家不至之城。解云同之於民則邑無百雉之城者亦據侯伯大都已言之若與之異則魯凡邑皆然也。注二大夫宰吏數叛患之者。解云即上十年夏叔孫州仇仲孫何忌帥師圍郈秋叔孫州仇仲孫何忌帥師圍費之屬是也郈費二邑相因言之故謂之數耳。注以問至墮之。解云春秋說及史記皆有此言云故君子時然後言人不厭其言者論語文也云不書去甲者舉墮城爲重者正以傳云家不藏甲邑無百雉之城明其並從二事而特舉墮城不書去家之甲者舉重故也必知去甲亦合書者正以成元年三月作丘甲書之於經明知去甲亦合書矣

雉者何五板而堵八尺曰板堵凡四十尺。堵丁古反疏雉者何。解云正以傳言邑無百雉之城經典未有其事須知雉之度數故執不知問。注八尺曰板堵者解云韓詩外傳文

五堵而雉二百尺百雉而城二萬尺凡周十一里三十三步二尺公侯之制也禮天子千雉蓋受百雉之城十伯七十雉子男五十雉天子周城諸侯軒城軒城者缺南面以受過也疏注二萬至制也。解云公侯方百雉春秋說文也古者六尺爲步三百步爲里計一里有

千八百尺十里即有萬八千尺更以一里三十三步二尺爲二千尺過前爲二萬尺也故云二萬尺凡周十一里三十三步二尺也云禮天子千雉者春秋說文也云蓋受百雉之城十者謂公侯於天子十取一之義似若孟子與司馬法云天子周方百里公侯十里是十取一之文也云伯七十雉子男五十雉者春秋說文。注天子至過也。解云天子周城諸侯軒城者春秋說文云缺其南面以受過也者正以諸侯軒縣闕南方則知軒城亦宜然案舊古城無如此者蓋但孔子設法如是後代之人不能盡用故也或者但不設射垣以備守故曰缺其南面以受過不妨仍有城○秋大

雩不能事事信用孔子聖澤廢疏注不能至澤廢。解云並謂三月之後違之○冬十

月癸亥公會晉侯盟于黃○十有一月丙寅朔

日有食之是後薛弒其君比晉荀寅士吉射入于朝歌以叛○射食亦反又食夜反朝歌如字疏注是後至以叛。解云在十二年冬云晉荀寅士吉射入于朝歌以叛者亦在十三年冬案晉荀寅士吉射叛在弒比之前而後言之者正以弒君之變重故先取以應之○公至自黃○十有二月



公圍成公至自圍成成仲孫氏邑圍成月又致者天子不親征下士諸侯不親征叛邑公親圍成不能服不能以一國爲家甚危若從他國來故危錄之疏注圍城至錄之。解云春秋義圖例書時即宜十二年春楚子圍鄭之文是今此書月故解之莊十六年注云凡公出在外致在內不致今此在內而致故須解之云天子不親征下土者即公羊說云一國叛王自征之若四國皆叛安得四王而征之者是其義也若然桓五年秋蔡人衛人陳人從王伐鄭傳云其言從王伐鄭何從王正也彼注云美其得正義也故以從王征伐錄之然則天子不親征下土而美之者直是美諸侯之得正猶自不言桓王伐鄭之善故彼注又云蓋起時天子微弱諸侯背叛不肯從王者征伐以善三國之君獨能尊天子死節稱人者刺王者也天下之君海內之主當秉綱撮要而親自用兵故見其微弱僅能從微者不能從諸侯猶莒稱人則從不疑也是書序曰啓與有扈戰于甘之野作甘誓其經曰大戰于甘乃召六卿者何氏以爲啓非至德之主是以親征有扈非春秋所美豈害其義也云諸侯不親征叛邑者正以諸侯於天子亦宜以國爲家猶如天子之有天下也而不能全服親自征之故爲非禮而爲春秋所刺也

十有三年春齊侯衛侯次于垂瑕○垂瑕如字又音加二傳作垂葭○夏築蛇淵囿○大蒐于比蒲○大蒐所求反本又作蒐比音毗

疏夏築蛇淵囿。解云成十八年秋築鹿囿傳云何以書譏何譏爾有囿矣又為也彼注云刺奢泰妨民也然則彼有成說故此處不復解之。大蒐于比蒲。解云桓六年注云五年大簡車徒謂之大蒐是也所以書者即昭八年秋蒐于紅之下傳云蒐者何簡車徒也何以書蓋以罕書也但彼已解訖故此處不復論之

○衛公孟彄帥師伐曹。秋晉趙鞅入于晉陽以叛○冬晉荀寅及士吉射入于朝歌以叛。晉趙鞅歸于晉此叛也其言歸何据叛與出入惡同

疏注据叛至惡同。解云桓十五年傳例云復歸者出惡歸無惡復入者出無惡入有惡入者出入有惡歸者出入無惡然則書叛者出入惡同不宜書歸作出入無惡之文故難之

以地正國也軍以井田立數故言以地



疏注軍以至以地。解云假令天子六軍方伯二軍之屬皆以井田多少計出其數故曰軍以井田立數也今趙鞅以此井田之兵逐君側之惡人故云以地正國也

其以地正國奈何晉趙鞅取晉陽之甲以逐荀寅與士吉射荀寅與士吉射者曷為者也君側之惡人也此逐君側之惡人曷為以叛言之無君命也無君命者操兵鄉國故初謂之叛後知其意欲逐君側之惡人故錄其釋兵書歸赦之君子誅意不誅事晉陽之甲者趙簡子之邑以邑中甲逐之。操七曹反鄉許亮反

疏注君子至誅事。解云君子之人探端知緒但誅其意若輕而難原不誅其事若重而可恕以趙鞅意實非逆但以持兵鄉國為罪是以春秋書歸以舍之故曰誅意不誅事也

○薛弒其君比

十有四年春衛公叔戍來奔○晉趙陽出奔宋○晉趙陽左氏作衛趙陽

疏晉趙陽出奔宋。解云穀梁與此同左氏作衛趙陽字也

○二三

十有四年春[illegible]

[illegible]

十有三年春[illegible]

月辛巳楚公子結陳公孫佗人帥師滅頓以
頓子牄歸不別以歸何國者明楚陳以滅人爲重頓子以不死位爲重。公孫佗人大何反二傳作
公孫佗人牄七良反二傳作牂別彼列反 疏 以頓子牄歸。解云左氏穀梁皆作頓子牂字賈氏不注文不備。
注不別至之重。解云正以上四年滅沈以沈子嘉歸六年
以許男斯歸之屬其上文皆直一國大夫而已是以其經直
言以歸不假分別今此經上載二國其下直言以歸而已似
非詳備之義是以解之云明楚陳以滅人爲重者正以二國
之卿擅相滅獲其過已深假言歸楚不足經陳之罪假言歸
陳不足減楚之惡故曰明楚陳以滅人爲重云頓子以不死
位爲重者諸侯之禮當合死位頓子不死其過已深
何假書言歸于其乎故云頓子以不死位爲重也。夏
衛北宮結來奔。五月於越敗吴于醉李月者爲下
卒出。醉李本又作雋音同爲子禜反 疏 注月者爲下卒出。解云隱六年有注云戰例時偏戰日詐戰月不
日者鄭詐之然則諸侯之例詐戰者月今此兩夷相
敗文宜略於諸夏而經書月故知爲下卒文出矣。吴

大九十二元六十五 公二十六 十四 仂青

子光卒。公會齊侯衛侯于堅。堅如字本又作擊音牽左氏作牽
公至自會。秋齊侯宋公會于洮。洮他刀反。天
王使石尚來歸脤石尚者何天子之士也天子
上士以名氏通。脤市軫反 疏 石尚者何。解云欲言大夫單名無字欲言微者名氏俱見故執不知問。注
天子至氏通。解云傳直云天子之士而知上士者何氏以
爲春秋之例天子上士以名氏通中士以官錄下士略稱人
今此經書其名氏故知之何氏意必知例然者正以傳云石
尚者何天子之士隱元年傳云宰者何官也咺者何名也曷
爲以官氏宰士也僖八年傳云王人者何微者也曷爲序乎
諸侯之上先王命也然則以此三處之傳言之則知單名繼
官不以名氏通單稱王人者不以名見故隱元年注云
天子之上士以名氏通中士以官錄下士略稱人是也。脤
者何俎實也實俎肉也 疏 脤者何。解云欲言天子賜之祭肉不見魯侯助祭之文欲言
脤非祭內不應遠來歸之故執不知問。俎實也者。解云
謂以肉實於俎上故注云實俎肉也者謂言實俎之肉也。

脤曰脤熟曰燔禮諸侯朝天子助祭於宗廟然後受俎實時魯不助祭而歸之故書以譏之○燔本亦作膰文作繙音煩疏注禮諸侯至譏之○解云正以魯無朝聘天子之事而書歸脤以譏之則知助祭於宗廟者有受俎實之禮矣論語云祭於公不宿肉者義亦通於此宗伯以脤膰之禮親兄弟之國似不通於異姓者何氏所不取○衛世子蒯聵出奔宋書者君子雖見逐無去父之義○蒯聵苦怪反下五怪反疏注書至之義○解云父子天倫無相去之義子若大爲惡逆人倫之所不容乃可寘之深宮囹人固守若小小無道當安處之隨宜罪譴令其克改寧有逐之使國爲宗廟羞且子之事父雖其見逐止可起敬起孝號泣而諫之諫若不入悅則復諫自不避殺如舜與宜咎之徒寧有去父之義乎今大子以小小無道衛侯惡而逐之父無殺已之意大子懟而去之論其二三上下俱失衛侯逐子非爲父之道大子去父非爲子之義今上書此經者一則譏衛侯之無恩一則甚大子之不孝故曰子雖見逐無去父之義若其父大爲無道如獻公幽王之類若不迴避以當殺己如此之時寧得陷父於惡是以申生不去失至孝之名宜咎奔申無刺譏之典但衛侯爾時無殺子之意是以蒯聵出奔書氏



譏之耳○衛公孟彄出奔鄭○宋公之弟辰自蕭來奔○大蒐于比蒲譏亟也○亟去冀反疏宋公至來奔○解云上十年出奔陳十一年春自陳入于蕭以叛至此乃自蕭來奔○注譏亟也○解云大蒐之禮五年一爲若數于此則書而譏亟也若緩於此則書而譏罕上十三年夏已大蒐于比蒲今始一年復行此禮故曰譏亟也○邾婁子來會公書者非邾婁子會人於都也而入人都當脩朝禮古者諸侯將朝天子必先會閒隙之地考德行一刑法講禮義正文章習事天子之儀尊京師重法度恐過誤言公者不受于廟○閒隙音閑下去逆反疏注書者至于廟○解云曲禮下篇云諸侯相見於隙地曰會今乃會人于都故書而非之云必入人都當脩朝禮者即桓六年注云諸侯相過至竟必假塗入都必朝所以崇禮讓絕慢易戒不虞也是其義也云古者諸侯將朝天子必先會于閒隙之地考德行一刑法者謂考校其德行齊一其刑法也云講禮義者謂習其禮儀也云言公者不受于廟者隱七年齊侯使其弟年來聘之下注云不言聘公者禮聘受之於廟孝子諱以已當之歸美於先君且重賓也

隱十一年春滕侯薛侯來朝之下注云不言朝公者礼朝受
之於大廟與聘同義莊二十三年夏公如齊侯遇於穀蕭叔
朝公傳云其言朝公何公在外也彼注云時公受朝於外故
言朝公疑公不受於廟然則受朝之礼礼當在廟孝子歸美
于先君不敢以己當之君不於廟則言公即蕭叔朝公是也
今此會礼不在廟魯侯於受之於外故言來會公矣言公者不
受于朝也。城莒父及霄去冬者是歲蓋孔子由大司寇攝相事政化大行粥羔豚者不飾男
女異路道無拾遺齊懼北面事魯饋女樂以間之定公聽季
桓子受之三日不朝當坐淫故貶之歸女樂不書者本以淫
受之故深諱其本文三日不朝孔子行魯人皆知孔子所以
去附嫌近害雖可書猶不書或說無冬者坐受女樂令聖人
去冬陰臣之象也。父音甫去起呂反相息
亮反粥羔羊六反間間廁之間近附近之近 疏注去冬至解
云隱六年傳云春秋編年四時具然後為年今此無冬四時
不具故須解之云是歲蓋孔子由大司寇攝相事者即家語
始誅篇云孔子為魯大司寇攝行相事有喜色是也魯之司
寇云大者蓋以無司寇之卿是以大夫亦名大也魯有司空
卿孔子為司空不言大者是其一隅也若以家語言之即定
九年始為邑宰十年為司空十一年為大司寇從大司寇攝



行相事之時年月不明故此注云蓋也云政化大行粥羔豚
者不飾男女異路道無拾遺者皆是家語相魯篇文也言不
飾者舊說云魯前之時粥羔豚者皆以彩物飾之自孔子為
相此事乃正故曰粥羔豚者不飾也云齊懼北面事魯饋女
樂以間之定公聽季桓子受之三日不朝者出孔子世家案
彼云定公十四年孔子年五十六由大司寇行攝相事云云
齊人聞而懼曰孔子為政必霸霸則吾地近焉我之為先并
矣盍致地焉犂鉏曰請先嘗沮之沮之而不可則致地庸遲
乎於是選齊國中女子好者八十人皆衣文衣而舞康樂文
馬三十駟遺魯君陳女樂文馬於魯城南高門外季桓子微服
往觀再三將受乃語魯侯為周道游往觀終日怠於政事子
路曰夫子可以行矣孔子曰魯今且郊如致膰乎大夫則吾
猶可以止桓子卒受齊女樂三日不聽政郊又不致膰俎於
大夫孔子遂行宿乎屯而師己送曰夫子則非罪孔子曰吾
歌可夫歌曰彼婦人之口可以出走云云是也云當坐淫故
貶之者推尋古礼無女樂之文魯人受之故當坐淫泆之惡
既有淫泆之惡去冬以見之其晉悼公受女樂二八而為霸
者左氏之事何氏所不取不得難此矣云魯人皆知孔子所
以去者謂皆知魯公受女樂有淫泆之惡所以孔子去之云
附嫌近害雖可書猶不書者正以其獲麟之後得端門之命

而制春秋乃自因之即云已之本出由饋女樂之故魯國之人悉知所由若其書之即是附於嫌疑近於禍患是以雖非國家之諱衣例可書于經孔子亦不書之故曰附嫌近害雖可書猶不書。注或說至象也。解云孔子自書春秋而貶去冬失謙遜之心違辟害之義蓋不脩春秋已無無冬字孔子因之遂存不改以爲王者之法宜用聖臣故曰如有用我者朞月則可三年乃有成是也又春秋之說口授相傳逮於漢時乃著竹帛去一冬字何傷之有

十有五年春王正月邾婁子來朝。鼷鼠食郊牛牛死改卜牛曷爲不言其所食據食角。鼷音兮漫也

疏注據食角。解云即成七年春王正月鼷鼠食郊牛角改卜牛鼷鼠又食其角乃免牛是也

漫者徧食其身災不敬也不舉牛死爲重復舉食者內災甚矣錄內不言火是也。漫亡半反猶徧也徧音遍復扶又反下同

疏注災不敬至是也。解云言所以災其郊牛者正以魯人不敬故也云不舉牛死爲重云云者春秋之義悉皆舉重食死並書故解之食在死前而言復者正以食輕於死故對重以爲復矣云內錄不言火是也者即襄九



年春宋災傳云大者曰災小者曰火然則內可以不言火內不言火者甚之也何氏云春秋以內爲天下法動作當先自克責故小有火如大有災也。二月辛丑楚子滅胡以胡子豹歸。夏五月辛亥郊曷爲以夏五月郊據魯郊正當卜春三正也又養牲不過三月

疏注二月辛至豹歸。解云僖二十六年秋楚人滅隗何氏云不月者略夷狄滅微國也昭三十年冬十二月吳滅徐何氏云至此乃月者所見世始錄夷狄滅小國也然則此亦所見世夷狄滅小國而書日者上四年夏四月庚辰蔡公孫歸生滅沈之下注云日者定哀滅例日定公承黜君之後有滅強臣之讎故有滅則危懼之爲定公戒是也。注據魯至正也。解云即成十七年傳云然則郊曷用郊用正月上辛何氏云魯郊博卜春三月言正月者因見百王正所當用也僖三十一年注云武王既没成王幼小周公居攝行天子事制禮作樂致太平有王功周公薨成王以王禮葬之命魯使郊以彰周公之德非正故上三卜吉則用之不吉則免牲者是其魯郊博卜春三正之義也何氏必知然者正以哀元年穀梁傳云郊自正月至于三月郊之時夏四月郊不時五月郊不時之文也。注養

牲不過三月。○解云宣三年傳云帝牲在于滌三月彼注云滌宮名養帝牲三牢之處也謂之滌者取其蕩滌絜清三牢者各主一月取三月一時足以充其天牲是也**三十之運也**運轉也已卜春三正不吉復轉卜夏三月周五月得二吉故五月郊也易曰再三瀆瀆則不告不得其事雖吉猶不當爲也不舉卜者從可知（疏）注復轉卜夏三月。○解云猶言轉卜夏之正也。○注得二至可知○解云必知得吉者正以經有郊文故也若其不吉宜言乃免牲或言乃免牛乃不郊矣知其二吉者正以僖三十一年傳云三卜禮也三卜何以禮求吉之道三彼注云三卜吉凶必有相奇者可以決疑故求吉必三卜也是其得二吉乃可爲事之義今此五月而郊故知得二吉也云易曰再三瀆瀆則不告者蒙卦彖辭云蒙亨匪我求童蒙童蒙求我初筮告再三瀆瀆則不告利貞鄭氏云蒙者蒙蒙物初生形是其未開著之名也人幼稚曰童亨者陽也互體震而得中嘉會禮通陽自動其中德於地道之上萬物應之而萌牙生教授之師取象焉脩道藝於其室而童蒙者求爲之弟子非己乎求之也弟子初問則告之以事義不思其三隅相況以反解而筮者此勤師而功寡學者之灾也瀆筮則不復告欲令思而得之亦所以利義而幹事是也引之者欲道魯人瀆卜故五月



非郊之月而得吉非是龜靈厭之不復告其所圖之吉凶故也然則卦象之義乃是弟子請問師之事義故言筮以況之今此乃卜也而引者龜筮道同亦何傷乎云不得其事者謂不得其事之宜即五月郊天是也云雖吉猶不當爲也者謂吉凶會以事之善惡爲本郊非其月雖吉亦不得爲何者正以靈龜厭之不復告其吉凶故也云不舉卜者從可知者正以僖三十一年夏四月四卜郊不從云云舉卜今此直言五月辛亥郊不舉卜者正以言郊則知卜吉明矣故曰從可知

**○壬申公薨于高寢。○鄭軒達帥師伐宋。**○軒達左氏作罕達（疏）壬申至高寢。○解云說在莊三十二年

**○齊侯衛侯次于遽篨。**○遽篨其居反下直居反（疏）齊侯至遽篨。○解云左氏作遽挐字賈氏無說文不備也上九年齊侯衛侯次于五氏注云欲伐魯也善魯能却難早故書次而去然則今此亦然故省文不注而賈氏云欲救宋善恤鄰也者蓋與何氏異或者九年之次以其無起文故解爲欲伐魯今此上有軒達伐宋之文下即云齊侯衛侯次于遽篨此則知欲救宋明矣不注之者從可知省文

**○邾婁子來奔喪其言來奔**

喪何据會葬以禮書歸含且賵不言來。含戶暗反賵芳鳳反疏注据會葬以禮書解云即文元年天
王使叔服來會葬傳云其言來會葬何會葬禮也云歸含且
賵不言來者即文五年王正月王使榮叔歸含且賵是也。
奔喪非禮也但解奔喪者明言來者常文不爲早晚施也禮天子崩諸侯奔喪會葬諸侯薨有服
者奔喪無服者會葬邾婁與魯無服故以非禮書禮有疏
不弔者三畏死厭死溺死。爲于僞反厭於甲反
注但解奔至晚施也。解云在隱元年。注禮天子至溺死
解云正以諸侯躰敵而有會葬之礼則天子之尊兩有可知
禮記文王世子曰喪紀以服之輕重爲序不奪人親也故知
有服無服有差降明矣既有差降奔喪近於會葬故知但以
奔與不奔爲異也云禮有不弔者三畏死壓死溺死者春秋
說文案邾婁子來奔喪魯人無此三事而引之者以明不弔
之類非謂禮實同也。秋七月壬申姒氏卒姒氏者何哀
公之母也姒氏杞女哀公者即鄭公之妾子疏姒氏卒。解云穀梁作弋氏字。姒氏者
何。解云欲言夫人經不書薨欲言其妾謚同於夫故執不
知問。注姒氏杞女者。解云正以杞女爲姒姓故知之



何以不稱夫人据母以子貴疏注据母以子貴。解云隱元年傳文彼注云礼妾子
立則母得爲夫人夫人成風是也哀未君也未踰年不稱公。八月庚辰
朔日有食之是後衛蒯聵犯父命盜殺蔡侯申齊陳乞弒其君舍疏注是後至君舍。解
云即哀二年夏晉趙鞅帥師納衛世子蒯聵于戚是也云盜
殺蔡侯申者在哀四年春云齊陳乞弒其君舍者在哀六年
秋。九月滕子來會葬。丁巳葬我君定公
雨不克葬戊午日下昃乃克葬昃日西也易曰日中則昃是也下昃
蓋晡時。昃音側晡布吳反疏注易曰日中則昃。解云豐卦彖辭也彼云日中則昃月盈則食云云鄭注云
言皆有休已無常盛是也。辛巳葬定姒定姒何以書葬据不稱小
君子般不書葬疏注据不稱小君。解云正以夫人書葬我小君此不言小君故難之。注子般不書葬。解云
子般不書葬之事在莊三十二年子般未踰年見以不書葬
今定姒之子亦未踰年與子般義同故乃据而難之然則子

般終不成君故略之定姒之子終爲君有即尊之漸用以子貴故書其葬但以今未踰年故其母不稱小君未踰年之君有子則廟廟則書葬者但當連作一勢讀之乃可解**未踰年之君也**哀未踰年也毋以子貴故以子正之**有子則廟廟則書葬**如未踰年君之礼稱謚者方當踰年稱夫人曾子問曰並有喪則如之何何先何後孔子曰葬先輕而後重其奠也其虞也先重而後輕礼也〔疏〕注如未至夫人○解云未踰年之君礼則無謚今此定姒如未踰年君之禮而稱謚者正以方當踰年稱夫人故也○注曾子至禮也○解云案禮曾子問曰並有喪如之何何先何後注云並謂父母若親同者同月死孔子曰葬先輕而後重其奠也先重而後輕云云其虞也先重而後輕禮也今此何氏總而引之是以直云其奠也其虞也而已引之者欲道定公五月薨定姒七月卒非其並有喪禮是以先葬定公後葬定姒若其同月當定姒先葬矣

○**冬城漆**○漆音七

監本附音春秋公羊註疏定公卷二十六

監本附音春秋公羊注疏卷第二十七

何休學

元年春王正月公即位○楚子陳侯隨侯許男圍蔡

[illegible]

改卜牛○夏四月辛巳郊○秋齊侯衛侯伐

晉○冬仲孫何忌帥師伐邾婁

[illegible]

二年春王二月季孫斯叔孫州仇仲孫何忌帥師伐邾婁取漷東田及沂西田

[illegible]

實取其地不諱者義與上同。○疏取漷東田及沂西田○漷火虢反徐音郭沂魚依反疏解云公羊之義言田者田多邑少故也而穀梁傳云取漷東田漷東未盡也及沂西田沂西未盡也范氏云以其言東西則知其未盡也與此別左氏以漷東沂西為邑名

癸巳叔孫州仇仲孫何忌及邾婁子盟于句繹所以再出大夫名氏者季孫斯不與盟○句繹古侯反下音亦與音預疏注所以至與盟○解云正以宣元年公子遂如齊逆女三月遂以夫人婦姜至自齊傳云遂何以不稱公子一事而再見者卒名何氏云卒竟但舉名省文然則今此伐邾婁及邾婁子盟于句繹之經亦是一事而再舉大夫名氏者正由季孫斯不與盟故也若此注內直云所以再出大夫名者無氏字即昭十三年秋公會劉子晉侯以下于平丘八月甲戌同盟于平丘據彼注云不言劉子及諸侯者間無異事可知矣今此二經亦間無異事而再出大夫之名故解之也此注氏字或有或無故如此解季孫斯所以不與盟者服氏云季孫斯專與仲孫氏伐邾服而使二子盟也者即其義矣而穀梁傳云三人伐而二人盟何各盟所得季孫斯不得田故不盟與何氏不合



○夏四月丙子衛侯元卒○滕子來朝○晉趙鞅帥師納衛世子蒯聵于戚戚者何衛之邑也曷為不言入于衛據弗克納未入國文言納于邾婁納者入辭故傳言曷為不言入于衛疏戚者何○解云欲言其國經典未有欲言其邑文無所繫故執不知問○注據弗至于衛○解云公羊之意以為戚與帝丘道塗非遠但大同小異而已今言于戚者實是入于衛都是以傳云曷為不言入于衛矣言據弗克納未入國文言納于邾婁納者入辭者即文十四年秋晉人納接菑于邾婁弗克納當爾之時接菑實不入國故曰不克納未入國之辭故曰未入國文言納于邾婁與納頓子于頓文同是其已入國之辭故以納于邾婁納者入辭也今此上言納衛世子蒯聵下無不克納之文則是入國之辭矣而言于戚不言于衛是以據而難之○故注者釁之曰故傳言曷為不言入于衛父有子子不得有父也明父得有子而廢之子不得有父之所有故奪其國文正其義也不貶蒯聵者下曼姑圍戚無惡文嫌曼姑可爲轉誅其父故明不得也不去國見挈者不言入于衛不可醇無國文轍

[illegible]也 [illegible]

[illegible]不言人[illegible] [illegible]

[illegible]天子[illegible] [illegible]

[illegible]

出奔不書者不責拒父也主書者與頓子同○疏注不貶至子同

爲于僞反去起呂反見賢遍反下去結反

解云正以犯父之命理宜貶之不謂更有經文可决也然則

文十四年郤缺納不正貶之稱人今趙鞅亦是納不當得位

之人而不貶者正以納父罪不至貶也彼傳云此晉郤缺也

其稱人何貶曷爲貶不與大夫專廢置君也是其譏之義矣

云故明不得也者正蒯聵無惡文則知曼姑不得誅之明矣

云不去國見挈者云云正以文十四年晉人納接菑注云接

菑不繫邾婁者見挈于郤缺也今此不見挈者不可醇無國

文故也云輒出奔不書云云知輒出奔者正以蒯聵之入故

也諸侯之禮禮當死位若其出奔者皆書而責之今不書者

正欲不責輒之拒父故也云主書者與頓子同者即僖二十

五年秋楚人圍陳納頓子于頓彼注云納頓子書者前出奔

當絕還入爲盜國當誅書者與楚納之與之同罪也主書者從楚

納之然則定十四年夏蒯聵出奔宋之時子輒去父之義已

當合絕今還入爲盜國復當合誅晉納之與同罪主書者從

晉納故曰與頓子同義然則蒯聵犯父之命其惡明矣但晉

爲霸王法度所在而納逆命之子奪已立之位故云主書者

從晉納矣○秋八月甲戌晉趙鞅帥師及鄭軒達帥師



戰于栗鄭師敗績○栗一本作秩二傳作鐵疏及鄭軒達戰于鐵者解云諸家之經軒達

之下皆有帥師唯服引經者無與諸家異於鐵者三家同有作栗字者誤也今定本作栗字○冬十月

葬衛靈公○十有一月蔡遷于州來畏楚也州來吳所滅疏

注畏楚也○解云正以上文爲楚所圍今遷而近吳故知然也云州來吳所滅者即昭十三年冬吳滅州來是也蔡

殺其大夫公子駟稱國以殺者君殺大夫之辭稱公子者惡失親也○惡烏路反疏

注稱國以殺者稱云君殺大夫之辭者僖七年傳文彼注云諸侯國體以大夫爲股肱士民爲肌膚故以國體錄是也

三年春齊國夏衛石曼姑帥師圍戚齊國夏

曷爲與衛石曼姑帥師圍戚据晉趙鞅以地正國加叛文今此無加文

故問之疏齊國至圍戚○解云公羊之義輒已出奔曼姑禀祇之命而得圍戚者下傳云曼姑受命于先君而

立輒蒯聵奪輒是以春秋與得圍之矣○注据晉至圍之○解云定十三年秋晉趙鞅入于晉陽以叛冬晉趙鞅歸于晉

[illegible]

[illegible]大夫[illegible]

[illegible]今○十日[illegible]○今十[illegible]

[illegible]○人官[illegible]

[illegible]

傳云此叛也其言歸何以地正國也其以地正國奈何晉趙鞅取晉陽之甲以逐荀寅與士吉射荀寅與士吉射者曷爲者也君側之惡人也此逐君側之惡人曷爲以叛言之無君命也彼注云無君命者操兵鄉國故初謂之叛後知其意欲逐君側之惡人故錄其釋兵書歸而赦之是也然則趙鞅操兵鄉國加叛文曼姑亦操兵鄉國而使國夏首兵不加叛文是以弟子據而問之云齊國夏曷爲與曼姑首兵而圍戚乎

**伯討也**　方伯所當討故使國夏首兵

**其爲伯討奈何曼姑受命乎靈公而立輒**　靈公者蒯聵之父

**以曼姑之義爲固可以距之也**　曼姑無惡文者起曼姑得拒之曼姑臣也拒之者上爲靈公命下爲輒故義不可以子誅父故但得拒之而已傳所以曼姑解伯討者推曼姑得拒之則國夏得討之明矣不言圍衛者順上文辟圍輒○上爲于僞反下爲輒爲衛不爲同（疏）注曼姑臣也○解云注言臣也者欲道曼姑者乃是靈公之臣也受命于靈公當立輒寧得違之乎故得拒蒯聵矣似若僖十年傳云君嘗訊臣矣臣對曰使死者反生生者不愧乎其言則可謂信矣彼注云上問下曰訊言臣者明君臣相與言不可負○注下言至圍輒○解云蒯聵去年入衛今而圍者正雖圍衛而言圍戚者順上經文且輒上出奔不見于經若言圍衛則忘去年蒯聵入于戚今年圍衛者是圍輒矣故言圍戚以辟之靈公逐蒯聵在定十四年立輒盡在上二年將葬之時也

**輒者曷爲者也蒯聵之子也然則曷爲不立蒯聵而立輒**　據春秋有父死子繼

**蒯聵爲無道**　行不中善道○中丁仲反

**靈公逐蒯聵而立輒然則輒之義可以立乎**　輒之義不可以拒父故但問可立與不

**曰可其可奈何不以父命辭王父命**　不以蒯聵命辭靈公命

**以王父命辭父命**　辭猶不從

**是父之行乎子也**　是靈公命行乎蒯聵重本尊統之義（疏）注是靈至之義○解云即莊元年注云念母則忘父背本之道也故絕文姜不爲不孝拒蒯聵不爲不順脅靈社不爲不敬蓋重本尊統使尊行於卑上行於下是也

**不以家事辭王事**　以父見廢故辭讓不立是家私事

**以王事**

辭家事聵靈公命立是是王事公法也是上之行乎下也是王法行於諸侯雖得正非義之高者也故冉有曰夫子爲衛君乎子貢曰諾吾將問之入曰伯夷叔齊何人也曰古之賢人也曰怨乎曰求仁而得仁又何怨出曰夫子不爲也主書者善伯討

疏注是王法行於諸侯雖得耳非義之高者也○解云正以上傳云不以父命辭王父命以王父命辭父命是父之命行乎子也彼注云是靈公命行乎蒯聵重本尊統之義也傳又云不以家事辭王事以王事辭家事是上之行乎下也故知宜是王法行於諸侯矣唯受靈公之命而拒蒯聵而引王法行于諸侯者正以靈公於蒯聵若似天子於諸侯故取以況之○注故冉有曰至伯討○解云此論語文也皆有所以疑之者正以輒之立也雖得公義失於父子之恩矣云入曰伯夷叔齊何人也者正以輒之拒父非義之高不敢正言故問古賢以測之云子曰古之賢人也者言古之賢士且有仁行若作仁字如此解之若作人字不勞解也云曰怨乎者謂諫而不用死于首陽然則然周王乎云求仁而得仁又何怨者言其兄弟相讓而來正以求爲仁道卒得成讓仁道遂成不欲汲汲乎求仁有何孜孜而怨周王乎云出曰夫子不爲也者正以伯夷叔齊兄弟讓國夫子以爲賢而知蒯聵與輒



聵父子爭國者夫子不助明矣云主書者善伯討者一則見輒之得正二則見曼姑可拒但主書善其伯討故曰主書者善伯討

○夏四月甲午地震此象季氏專政蒯聵犯父命是後蔡大夫專相放盜殺蔡侯申辟伯晉而京師楚黃池之會吳大爲主

疏注是後至相放○解云即下文蔡人放其大夫公孫獵于吳是也○注盜殺蔡侯申者○解云在四年云辟伯晉而京師楚者即下四年夏晉人執戎曼子赤歸于楚傳云辟伯晉而京師楚是也○注黃池之會吳大爲主者即下十二年夏公會晉侯及吳子于黃池傳云吳何以稱子吳主會也吳在是則天下諸侯莫敢不至也是也

○五月辛卯桓宮僖宮災此皆毀廟也其言災何據禮親過高祖則毀其廟

疏注據禮至其廟○解云出禮記祭法文

復立也曷爲不言其復立據立武宮言立○復立扶又反下及注同

疏注據立武宮者○解云在成六年二月所以不據定元年立煬宮者蓋從始據之或科取一文亦何傷

春秋見者不復見也謂內所改作也哀自立之善惡獨亦哀故得省文○見賢偏反下

同 疏 注謂內至省文。解云春秋逸義諸是內所改作皆但遂其重處一過見之而已故餘輕處不復見之所
以然者正以哀自立之還於哀世災之善惡獨在于哀故得省文矣似若襄三十一年公薨于楚宮不言作楚言者正以
襄自作之還復襄自薨之善惡獨在于襄故得省文之類二云云之說在襄三十一年 何以不言及
據雉門及兩觀。觀工喚反 疏 注據雉門及兩觀。解云即定二年五月壬辰雉門及兩觀災是也 敵
也 親過高祖親疏適等 何以書 上已問此皆毀廟其言災何故不復連桓宮僖宮 疏 何以
書。注上已至僖宮。解云正以隱三年秋武氏子來求賻傳云其稱武氏子何父卒子未命也何以不稱使當喪未君
也武氏子來求賻何以書據彼注云不但言何以書者嫌主覆問上所以譏二事不問求賻然則今此上文亦有二事之
嫌主春秋見者不復見也何以不言及敵也何以書而不復爲嫌者正以上傳已云此皆毀廟也其言災何復立也分疏
已訖是以不復言桓宮僖宮災何以書矣 記災也 災不宜立 疏 注災不宜立。解云謂其宮不宜立
若曰以其不宜立故災之然 ○季孫斯叔孫州仇帥師城開陽



○開陽左氏作啓陽開者爲漢景帝諱也 ○宋樂髡帥師伐曹 ○髡苦昆反 ○
秋七月丙子季孫斯卒。○蔡人放其大夫公
孫獵于吳 稱人者惡大夫驕蹇作威相放當誅故貶。獵烏路反 疏 注稱人至故貶。解
云知是大夫者正以春秋之例君殺大夫稱國即僖七年鄭
殺其大夫申侯之屬是大夫自相殺稱人即文九年晉人殺其
大夫先都之屬是則知稱國以放者君自放之即宣元年晉
放其大夫胥甲父之屬是也則稱人以放乃是大夫自相放
即此文是矣而言作威者即洪範云惟辟作威是也今此大
夫作威故貶之言當誅者謂於七法當誅也言故貶之者正
以大夫之貴平常之時合稱名氏故稱人爲貶之 ○冬十月癸卯秦伯卒 哀公
著治大平之終小國卒葬極於哀公者皆卒日葬月。治直吏反大音泰 疏 注哀公至葬月。解云即此癸卯秦
伯卒明年二月葬秦惠公是也案昭元年夏秦伯之弟鍼出
奔晉傳曰秦無大夫此何以書仕諸晉也曷爲仕諸晉有千
乘之國而不能容其母弟故君子謂之出奔也何氏云時秦
侵伐自廣大故曰千乘然則秦伯是西方之伯國至于景此

注謂之小國者正以僻陋在夷罕與諸夏交接至於春秋大
夫名氏不見於經是以比之小國其實非小者也舊說云地
之張翕彼此異時或變闢之亟不可同日而語昭元年之
時自以千乘爲大國至此還小亦何傷也而有疑焉○叔
孫州仇仲孫何忌帥師圍邾婁
四年春王三月庚戌盜殺蔡侯申弒君賤者
窮諸人此其稱盜以弒何 據宋人弒其君處臼稱
人○盜殺音弒下同○
疏 弒君至弒何○解云文十六年冬宋人弒其君處臼之
下傳云大夫弒君稱名氏賤者窮諸人然則師彼解此
故此弟子據而難之 賤乎賤者也 賤於稱人者 疏 賤乎賤者也○解
云彼注云賤者謂士也士正自當稱人然則今
此非士故言賤乎賤者也
賤乎賤者孰謂 據無主名 謂
罪人也 罪人者未加刑也蔡侯近罪人卒逢其禍故以爲
人君深戒不言其君者方當刑放之與刑人義同
○近附近之近 疏 注罪人至刑也○解云若其刑訖當有刑稱即
襄二十九年夏閽弒吳子餘祭是也今此言盜



又謂之罪人故知未加刑也云蔡侯近罪人卒逢其禍故以
爲人君深戒者卒諸爲終也○注不言至義同○解云即襄
二十九年閽弒其君下注云不言其君者公家不養閽士庶不
友放之遠地欲去聽所之故不繫國故不言其君也然則此
處之盜仍未加刑而亦不言其君者
正以方當刑放之故與刑人義同也
吳○葬秦惠公○宋人執小邾婁子○夏蔡殺
其大夫公孫歸姓公孫霍○晉人執戎曼子
赤歸于楚赤者何 欲以爲戎曼子名則晉人執曹伯
言畀宋人不言名歸欲言微者則
不當書故以不知問也○ 疏 晉人至子赤○解云左氏作
曼音蠻畀宋必利反下同 戎蠻子也○注則晉至名偏
解云即僖二十八年三月丙午晉侯入曹執曹伯畀宋人彼
則曹伯不言名畀宋人不言歸與此異故執不知問○注欲
言至當書○解云欲言亦是楚之微者自歸于楚非
戎曼子之名則微者之例不當書見故以不知問之 戎曼
子之名也其言歸于楚何 據執曹伯畀宋
人不言歸于宋 子丸

[illegible] 夫人 [illegible]

[illegible] 大夫 [illegible] ○ [illegible]

[illegible] 人之 [illegible]

[illegible]

宮子曰辟伯晉而京師楚也此解名也言歸意也則此楚比滅頓胡諸侯由是畏其威從而圍蔡蔡遷于州來遂張中國京師自置晉人執戎曼子不歸天子而歸于楚而不名而言歸于楚則與伯執歸京師同文故辟其文而名之使若晉非伯執而赤微者曰歸于楚言歸于楚者避伯晉京師楚主書者惡晉背叛當誅之【疏】辟伯至楚也○解云成十五年春晉侯執曹伯歸于京師是伯執人歸于京師之文今戎曼子不言名直言晉信執戎曼子歸于楚卽是伯者執人歸京師無異故名戎子以辟之言赤歸于楚者似楚之微者自歸不于戎子然故曰辟伯晉而京師楚也○注此解至誅之○解云言赤歸于楚之意也云前此楚比滅頓胡者卽定十四年春楚公子結帥師滅頓以頓子牄歸十五年春楚子滅胡以胡子豹歸是也云從而圍蔡者卽上元年春楚子陳侯隨侯許男圍蔡是云蔡遷于州來者在二年冬云遂張中國者猶言自盛大于中國也云京師自置者謂作天子自處置也云言人執戎曼子不歸天子而歸于楚者謂晉人畏其彊禦之勢若京師矣云而不名而言歸于楚則與伯執歸京師同文者若言執戎曼子歸于楚則與成十五年晉侯執曹伯歸于京師同文云故辟其文而名之者爲辟伯執歸京師之文而名戎



曼子也云使若晉非伯執者僖四年陳云稱侯而執者伯討也稱人而執者非伯討也今此經云晉人執戎曼子故云使若晉非伯執也云而赤微者自歸于楚者若以楚之微者名赤自歸于楚然猶莊二十四年冬赤歸于曹之類云言歸于楚者避伯晉京師楚者正以僖二十八年晉侯執曹伯以畀宋人然則諸侯自相執不言歸言歸者欲起晉人以楚爲京師故也云主書者惡晉背叛當誅之者言主書此事者正欲惡晉以楚爲京師背叛天子當合誅絕也若然楚人是時京師自置寧知不惡之者正以宣十八年秋七月甲戌楚子旅卒傳云何以不書葬吳楚之君不書葬辟其號也然則吳楚僭號非一朝之夕已不書葬一譏而已自餘京師自置之事理應不譏故以此○城西郛芳夫○郛反○六月辛丑蒲社災蒲社者何据鼓用牲于社不言蒲○蒲社左氏作蒲社【疏】蒲社者何○解云正以社爲積土非火燒之物而反書災故執不知問亡國之社也蒲社者先世之亡國在魯竟【疏】注蒲社至魯竟○解云公羊解以爲蒲者古國之名天子滅之以封伯禽取其社以戒諸侯使事上今災之者若曰天教絕云爾左氏穀梁以爲亳社亳者殷社也武王滅殷遂取其社賜

六年春王正月[illegible]

[illegible]

諸侯以爲有國之戒然則傳義不同不可爲難案今穀梁
傳皆作亳宅誼氏云殷都于亳武王克紂而班列其社于諸
侯以爲亡國之戒而賈氏云
公羊曰薄社也者蓋所見異社者封也封土爲社其言災
何据封土非火所能燒亡國之社蓋揜之揜其上而柴
其下故火得燒之得柴之者絕不得使通天疏亡國至其下
地四方以爲有國者戒○揜意掩柵反其下○解云
解云公羊子不受于師故言蓋也○注揜柴至四方○解云
即郊特牲云天子之大社必受霜露風雨以達天地之氣也
是故喪國之社屋之不受天陽也薄社北牖使陰明也是也
然禮記作薄社何氏所見與鄭氏異云以爲有國者戒者言
當如此若不事上蒲社災何以書記災也戒社者先王所以
威示教戒諸侯使
事上也災者象諸侯背天子是後宋事彊吳齊晉前驅滕薛
俠轂魯衛驂乘故天去戒社若曰王教滅絕云爾○俠音協
俠轂古洽反下古木反十二年同疏蒲社災何以書○解
乘繩證反十三年同去起呂反云不直言何以書者
嫌躡問此柴其下何以書故復舉句而問之○注是後
至驂乘○解云春秋說文謂下十三年黃池之會時也○秋

八公六二十七

八月甲寅滕子結卒○冬十有二月葬蔡昭
公賊已討故書葬也不書討賊
者明諸侯得專討士以下也疏注賊已討故書葬也
○解云此蔡昭公即上
盜殺蔡侯申者是隱十一年傳云弒則何以不書葬春秋君
弒賊不討不書葬以爲無臣子也然則今此蔡侯亦弒而書
其葬故知賊已討也○注不書至以下也○解云孟子曰諸
侯不得專殺大夫是以春秋之內殺大夫不問有罪無罪皆
書而譏之若殺賤者例所不錄今蔡侯之賊乃微者謂子殺
之故不書見故云明諸侯得專討士以下也者正本何氏
之注盡於此若更有注者衍字矣○葬滕頃公○頃音傾
五年春城比○比本又作庇亦作
庇同音毗左氏作毗○夏齊侯伐宋
○晉趙鞅帥師伐衛○秋九月癸酉齊侯處
臼卒○冬叔還如齊○閏月葬齊景公閏不
書此何以書据葬子卯
卒不書閏疏注据葬至書閏○解云即
襄二十八年冬十二月甲

書[illegible]何以書[illegible]

曰卒。冬[illegible]

。晉[illegible]

[illegible]春[illegible]

公[illegible]

人[illegible]十[illegible]年。冬十有[illegible]

[illegible]

其[illegible]

何[illegible]

寅天下崩乙未楚子昭卒是也彼注云乙未甲寅相去四十二日蓋閏月也然則相去四十二日明其不得同在一月故以閏月言之

喪以閏數也謂喪服大功以下諸喪當以閏月爲數○閏數所主反下及外月數閏數同

（疏）喪以閏數也○解云此喪謂喪服也謂爲之服大功以下喪服者皆以閏數之此數讀如加我數年之數非頭數之數也○注謂喪服至爲數○解云此數乃爲頭數之數謂九月五月三月之喪既是數月之物故得數閏以充之是以葬亦書閏矣何者葬亦數月之物故也

喪曷爲以閏數据卒不書閏

（疏）喪曷爲以閏數○解云此喪亦喪服大功以下者

喪數略也略猶殺也以月數恩殺故并閏數

（疏）注略猶至閏數○解云此數亦如加我以數年之數也言大功以下之喪所以得數閏月者正以恩殺故也鄭志趙商問曰經曰閏月不告朔猶朝于廟穀梁傳云閏月附月之餘日喪事不數又哀五年閏月葬齊景公公羊傳云閏月不書此何以書喪以閏數喪數略也此二傳義反於禮斷之何鄭荅曰居喪之禮以月數者數閏以年數者雖有閏無與于數也然則鄭氏之意以爲彼云喪事不數者謂朞與三年也此云喪以閏數者謂大功以下也若穀梁之意以爲大功以下及葬皆不數閏云云之說在襄二十八年



六年春城邾婁葭城者取之也不言取者魯數圍取邾婁邑邾婁未曾加誅於魯而侮奪之不知足有夷狄之行故諱之明惡甚○邾婁葭音加又音遐左氏作邾瑕數所角反曾才能反行下孟反

（疏）注城者至惡甚○解云正以襄二年遂城虎牢傳云虎牢者何鄭之邑也其言城之何取之也今言城邾婁邑者即與彼同故知取之云不言取之者魯數圍取邾婁邑者即上三年冬叔孫州仇仲孫何忌帥師圍邾婁又上二年春伐邾婁取漷東田及沂西田之屬是也先言圍者便文故也云有夷狄行者止以貪而無親故也○

晉趙鞅帥師伐鮮虞○吳伐陳○夏齊國夏及高張來奔○叔還會吳于柤柤莊加反○秋七月庚寅楚子軫卒○齊陽生入于齊○齊陳乞弒其君舍

弒而立者不以當國之辭言之此其以當

舍 市居曰舍从亼[illegible]象屋也口象築也凡舍之屬皆从舍

[illegible]

國之辭言之何據齊公子商人弒其君舍而立氏公子。君舍二傳作荼音舒（疏）注據齊至公子。解云即文十四年冬齊公子商人弒其君舍是也爲諼也此其爲諼奈何閔其義。諼況元反景公謂陳乞曰吾欲立舍何如陳乞曰所樂乎爲君者欲立之則立之不欲立則不立貴自專也（疏）所樂至不立。解云言人之所以愛樂乎其爲君者貴慕其自專故也然則此公乃有爲而言非王道也君如欲立之則臣請立之陳乞欲拒言不可恐景公殺陽生陽生謂陳乞曰吾聞子蓋將不欲立我也陳乞曰夫千乘之主將廢正而立不正必殺正者晉世子申生是也。乘繩證反（疏）注晉世子申生是也。解云即僖五年春言晉侯殺其世子申生是也 數吾不立子者所以生子者也走矣陽生走



與之玉節而走之節信也析玉與陽生當其半爲後當迎之合以爲信防称矯也奔不書者未命爲嗣。析思歷反爲後于僞反下乞爲同矯居兆反（疏）注節信至爲嗣。解云言與之爲斷玉之信而令之走也云奔不書者未命爲嗣者案定十四年秋衛世子蒯聵出奔宋書見於經故知陽生出奔不書者未命爲嗣故也然則公子陽生但是母貴宜立實非世子而亡傳云廢正而立不正必殺正者雖非夫人所生但秩次宜立謂之廢正亦何傷而舊云陽生實是正世子但未命爲嗣故出入不兩書君命爲嗣即是大國之君出入合兩書也者非景公死而舍立陳乞使人迎陽生于諸其家于諸實也齊人語也除景公之喪。期而小祥服期者除。期音基下同（疏）注期而至者除解云期而小祥者士虞記文言服斯者除者謂從服之徒矣若其正服臣爲君斬衰三年寧得期而除乎案景公之卒在去年九月至今七月其實未期而言服斯者除者蓋陽生之入實亦九月但事不宜月故直時是以傳云除景公之喪也若然案隱四年冬十二月衛人立晉彼注云月者大國篡例月小国而立納入皆爲篡然則大国之篡例合書月齊爲大

國而言事不宜月者正以陽生之篡陳乞爲之故陽生之入欲移惡於陳乞故也似若莊九年夏齊小白入于齊何氏云不月者移惡于魯也之類也然則大国之篡所以月者以其禍大故也既移惡于陳乞是以不月正得述事之宜矣 諸大夫皆在朝陳乞曰常之母 常陳乞子重難言其妻故云爾。難乃旦反〔疏〕注常至云爾。解云正以妻者乞之私故難言之似若今人謂妻爲兒母之類是也 有魚菽之祭 齊俗婦人首祭事言魚豆者示薄陋無所有〔疏〕注齊俗至祭事。解云主婦設祭礼則有之何言齊俗者正以主婦設祭之時助設而已其實男子爲首即君牽牲夫人奠酒君親獻夫人薦豆之類是也若其齊俗則令使婦人爲首故此傳云常之母有魚菽之祭即其文是矣。注言魚至所有。解云定元年冬十月霣霜殺菽彼注云菽大豆然則彼已訓解故此何氏直以豆言之若依正禮水陸僉陳而止言魚與豆者示薄陋無所有故也 願諸大夫之化我也 言欲以薄陋餘福共宴飲〔疏〕願諸至我也。解云桓六年傳云曷爲謂之寔來慢之也曷爲慢之化我也彼注云行過無礼謂之化齊人語也謂佚相過至竟必假塗入都必朝所以崇礼讓絕慢易今州公過魯都不朝魯是慢之爲惡故書寔來見其義也然則彼以州公過魯而無禮故傳謂之化我也今此陳乞亦以魚菽之薄物枉屈諸大夫之貴重亦是無礼相過之義故謂之化我也 諸大夫皆曰諾



於是皆之陳乞之家坐陳乞曰吾有所爲甲 甲鎧。鎧苦代反〔疏〕吾有所爲甲。解云猶言我有所作得若于甲也 請以示焉諸大夫皆曰諾於是使力士舉巨囊而至于中霤 巨囊大囊囊中央曰中霤。囊乃郎反又音託霤力又反〔疏〕注中央曰中霤。解云案月令中央土云其祀中霤鄭注云中霤猶中室也古者複穴是以名室爲霤云庚蔚云複地上累土穴則穿地也複穴皆開其上取明故雨霤之是以因名中室爲中霤也故此傳云中霤注云中央謂室之中央也 諸大夫見之皆色然而駭 色然驚駭貌。色然如字本又作垝居委反驚駭貌本或作危 開之則闖然 闖出頭貌。闖丑鴆反又丑甚反一音丑今反貝貌字林云馬出門貌丑禁反 公子陽生

也陳乞曰此君也已諸大夫不得已皆逡巡北面再拜稽首而君之爾時舍未能得衆而陽生今正當立諸大夫又見力士知陳乞有備故不得已遂君之○逡七旬反自是往弒舍陽生先詐致諸大夫立於陳乞家然後往弒舍故先書當國起其事也乞為陽生弒舍不舉陽生弒者讓成于乞也不日者與卓子同

疏注故先書當國起其事也者謂書陽生入齊乃在弒舍之前所以起其先入後弒也云乞為陽生弒舍不舉陽生弒者讓成于乞也者正以舉重略輕春秋之常事今而不書者讓成于乞故也○注不日至子同○解云僖十年春王正月晉里克弒其君卓子何氏云不日者不正遇禍終始惡明故略之然則今此陳乞弒舍所以不日者亦是不正遇禍終始惡明故略之故曰與卓子同若然鄉解云陽生之入實在九月但事不宜月故不書月然則陳乞之事宜云不月而云不日者正以卓子之弒實書月若言不月則與卓子同文不可設故云不日也案陳乞弒舍實不書日謂之不日亦何傷然則陳乞弒舍之事與里克弒卓子相類而不月者正以文承陽生入云齊之下陽生之事既不宜月是以陳乞之事不得月也若然案僖九年冬晉里克弒其君之子奚齊注不月者不正遇禍終始惡明故略之然則此亦不月何氏不云不月者與奚齊同義者正以奚齊未踰年之君與舍不類寧得同之乎



○冬仲孫何忌帥師伐邾婁○宋向巢帥師伐曹

七年春宋皇瑗帥師侵鄭瑗于眷反○晉魏曼多帥師侵衛○夏公會吳于鄫鄫似陵反○秋公伐邾婁八月己酉入邾婁以邾婁子益來入不言伐此其言伐何據當舉入為重

疏入不至伐何○解云莊十年傳例觕者曰侵精者曰伐戰不言伐圍不言戰入不言圍滅不言入書其重者也然則傳例云戰不言伐入不言圍此云入不言伐者正以此經舉伐言入亦違舉重之例是以據經以釋之傳例云者序用兵之次第輕重備言不足怪也

內辭也若使他人然諱獲諸侯故不舉重而兩書使若魯公伐而去他人入之以來者醇順他人來

文

疏注諱獲至來文。解云若其不諱宜舉重云公入邾婁今不舉重而伐入兩書故知諱獲諸侯也云使若魯公伐而去佗人入之以來者以來是詣魯之常文故何氏言來者常文不為早晚施是也今始若不諱宜云以邾婁子益至自某而經言來故如此解云醇順佗人來文者以上諱獲諸侯故不舉重使若魯人伐而去佗人自入之今文言來作外來詣魯之常文故曰醇順佗人來文也

邾婁子益何以名據以隗子歸不名。隗五罪反

疏注據以至不名。解云即僖二十六年秋楚人滅隗以隗子歸是也

絕曷為絕之據俱以歸獲也曷為不言其獲據獲晉侯言獲

疏注據獲晉侯言獲。解云即僖十五年冬晉侯及秦伯戰于韓獲晉侯是也

內大惡諱也故名以起之也日者惡魯侮奪邾婁無已復入獲之入不致者得意可知例。惡魯烏路反復扶又反

疏注故名以起之。解云禮獲諸侯乃為大惡是以諱之不言其獲既不言獲故云言其名以起其見獲也所以能起之者諸侯之禮當死位今不能死位而生見獲書其名起其絕也案隱二年無駭入極之下傳云此滅也其言入何內大惡諱也昭四年取鄫之下傳云滅之則其言取之何內大惡諱也今此又言內大惡諱也重發傳者正以注前二處入取文異今此上經雖亦言入但書名之由事須備釋是以又言。注日者至獲之。解云隱二年注云入例時傷害多則月此書日故須解之言惡魯侮奪邾婁無已即上六年城葭之下注云魯數圍取邾婁邑邾婁未曾加非於魯而侮奪之不知足今復入其國獲其君故書日以惡內也。注入不至知例。解云莊六年注公與一國及獨出用兵得意不致不得意致伐即僖六年公至自伐鄭二十九年公至自圍許之屬是至於入佗國例不書致者正以既能入國得意可知似若僖三十三年公伐邾婁取叢之下注云取邑不致者得意可知例

○宋人圍曹。○冬鄭駟弘帥師救曹

八年春王正月宋公入曹以曹伯陽歸曹伯陽何以名據以隗子歸不名

疏注據以至不名。解云即僖二十六年秋楚人滅隗以隗子歸是也

絕曷為絕之據俱以歸滅也曷為不言其滅據滅

晛也諱同姓之滅也故名以起之疏注故名以起之。解云諱不得書其滅故書其名所以起其滅矣所以能起之者正以失地之君例合書名即桓七年穀伯綏鄧吾離之下傳云曹何以名失地之君是今曹伯陽亦書其名故可起其滅何諱乎同姓之滅據衛侯燬滅邢不諱。燬況委反疏注據衛至不諱。解云即僖二十五年春王正月丙午衛侯燬滅邢是也力能救之而不救也以屬上力能獲邾婁而不救曹故責之不日者深諱之定哀滅例日此不日者諱使若不滅故不日疏注不日至故不日。解云既書入以諱同姓見滅而又日故曰深諱也云定哀滅例日此不日者諱使若不滅故不日云云之說在定四年○吳伐我不言鄙者起圍魯也不言圍者諱使若伐而去疏注不言至魯也。解云正以莊十九年冬齊人宋人陳人伐我西鄙注云鄙者邊垂之辭榮見遠也然則鄙者邊垂之名今不言鄙直言伐我故得起其圍魯矣。注不言至而去。解云國君當彊折衝當遠魯微弱深見犯至于圍國故諱之但言伐者差輕也○夏齊人取讙及僤外取邑不書此



何以書所以賂齊也曷爲賂齊據上無戰伐之文。僤昌善反一音昌然反字林作僤左氏作闡疏取讙及僤。解云左氏穀梁作讙闡字。外取至以書。解云宣元年六月齊人取濟西田之下傳云外取邑不書此何以書注云據曹取之不書然則此傳云外取邑不書此何以書者亦據曹取濟西田不書但從彼省文是以不復注解。注據上至之文。解云謂此上經無魯與齊戰伐之文言無所謝無事而賂故難之爲以邾婁子益來也邾婁齊與國畏爲齊所怒而賂之恥甚故諱使若齊自取。○爲以子僞反疏爲以至來也。解云正爲七年以邾婁子益來是以賂齊二邑也。注邾婁齊與国。○解云正以魯獲邾婁之君而賂二邑若非齊之與国理不應賂云云之說備于宣元年疏○歸邾婁子益于邾婁獲歸不書此書者善魯能悔過歸之嫌解邾婁子益無罪書故復名之。復扶又反疏注獲歸至歸之。解云正以僖十五年秦獲晉侯後歸不書故曰獲歸不書今此書者善魯能悔過歸之故録見之。注嫌解至名之。解云桓十五年傳例云歸者出入無惡今此言歸是以嫌其無罪也經既書歸作無罪之文則嫌晉人解

繹邾婁子其罪合除是以書見欲微名之見其下善所以書益之名得見魯之有罪者正以上七年以益來之時傳云內大惡諱注云故名以起之然則初書名起見魯罪則知今復名者其不善明矣。○秋七月。○冬

十有二月癸亥杞伯過卒。○過古禾反。○齊人歸讙及僤書者善魯能悔過歸邾婁子益所喪之邑不求自得故不言來使若不從齊來與歸我濟西田同文。○喪息浪反

疏 注書者至同文。○解云言所喪之邑不求自得者正以言歸也何者歸者自與之故也若求乃得之者當言取即僖三十一年春取濟西田成二年秋取汶陽之田之屬是也故不言來使若不從齊來者謂若此邑元不入齊但以此來欲叛于魯齊人取而歸之然言與歸我濟西田同文者即宣十年春齊人歸我濟西田傳云齊已取之矣其言我何言我者未絕于我也曷為未絕于我齊已言取之矣其實未之齊也注云不言來者明不從齊來不當坐取邑是也然則彼以未之齊故不言來今此使若不從齊來是以謂之同文矣然則彼言我者以其未絕于我此不言我者正以讙僤實絕于我故也濟西田未絕齊人不當坐取邑讙僤實絕齊人當坐取邑明矣然則我與不即是不同而言同文者正謂皆不言來以為同文何妨言我與不仍為異乎



九年春王二月葬杞僖公。○宋皇瑗帥師取鄭師于雍丘其言取之何据詐戰言敗也。○雍於用反

疏 注据詐戰言敗也。○解云即莊十年秋荊敗蔡師于莘昭二十三年秋吳敗頓胡沈蔡陳許之師于雞父傳云此偏戰也曷為以詐戰之辭言之不與夷狄之主中国也是也

易也其易奈何詐之也詐謂陷阱奇伏之類兵者為征不義不為苟勝而已十三年詐反不月知此不蒙上月殺略之爾。○易也以豉反下同阱才性反為征于僞反

疏 注詐謂至之類。○解云何氏蓋取禮記中庸云人皆曰予知驅而納諸罟擭陷阱之中而莫之知辟也又言奇伏者奇兵伏兵之謂也。○注兵者至之爾。○解云下十三年春鄭軒達帥師取宋師于嵒傳云其言取之何易也其易奈何詐反也注云前宋行詐取鄭師今鄭復行詐取之苟相報償不以君子正道故傳言詐反反猶報也然則兵之設也為欲征不義豈欲苟勝而為詐故知春秋疾而略之皆不書月矣何者春秋之義偏戰者日詐戰者月所以然

者正疾其行詐略之故也今此二經乃設陷阱奇伏又爲詐之甚者是以春秋復深略之○夏楚人伐
陳○秋宋公伐鄭○冬十月
十年春王二月邾婁子益來奔月者魯前侵而歸之今來奔明當尤加礼厚遇之
疏注月者至遇之。解云正以上六年夏齊國夏高張來奔襄二十八年冬齊慶封來奔之屬則知來奔魯者例合書時今此書月故如此解文十一年春王月成伯來奔注云月者前爲者所滅今來見歸尤當加意厚遇之也者義亦通於此以此言之則知昭二十三年秋七月莒子庚輿來奔月者爲下戊辰吳敗頓胡沈蔡陳許之師書莒子之奔雖在月下不蒙月何氏所以不注之者正以隱元年冬十二月祭伯來奔之下注云月者爲下卒也出奔例時也然則上已有注故至庚輿之下省文從可知○公會吳伐齊○三月戊戌
齊侯陽生卒○夏宋人伐鄭○晉趙鞅帥師
侵齊○五月公至自伐齊○葬齊悼公○衛



公孟彄自齊歸于衛○薛伯寅卒卒葬略者與杞伯益姑同○伯寅二傳作伯夷同音以尼反
疏注卒葬至姑同。解云正以所見之世詳錄小國卒日葬月是其常文即上四年秋八月甲寅滕子結卒冬十二月葬滕昭公是也今乃卒月葬時故解矣言與杞伯益姑同者即昭六年春王正月杞伯益姑卒注云不日者行微弱故略之上城杞已敗復卒略之者入所見世責小國詳始錄內行也諸侯內行小失不可勝書故於終略責之見其義然則今比略之者亦爲內行小失故曰與杞伯益姑同○秋葬薛
惠公○冬楚公子結帥師伐陳吳救陳救中國不進者陳吳與國救陳欲以備中國故不進
疏注救中至不進。解云正以僖十八年夏狄救齊冬邢人狄人伐衛注云狄稱人者善救齊雖拒義兵猶有憂中國之心故進之不於救時進之者辟襄公不使義兵壅塞也定四年冬蔡侯以吳子及楚人戰于柏舉傳云吳何以稱子夷狄也而憂中國注云言子起憂中國然則夷狄之人能憂中國也皆進之今此稱国不進者正以救陳欲以備中國故不進也知陳是吳之與国者正以吳人救之故也必知欲以備中國者非直見其不進

監本春秋公羊註疏哀公卷第二十七

何休學

十有一年春齊國書帥師伐我。夏陳轅頗出奔鄭。頗破多反。五月公會吳伐齊甲戌齊國書帥師及吳戰于艾陵。艾五蓋反 齊師敗績獲齊國書 戰不言伐夆伐者魯與伐而不與戰不從內與伐亩吳為王者吳主會故不與夷狄主中國也言獲者能結日偏戰少進也。與伐音預下不與伐同

疏 獲齊国書。解云宣二年春獲宋華元之下何氏云復出宋者非獨惡華元明恥辱及宋国然則今此復出齊者亦然但省文從可知故不注。注戰不至與戰。解云戰不言伐者正十一年傳文而此夆伐者當尔之時魯但與其伐而不與其戰故得兩夆之矣。注不從至国也。解云成二年六月癸酉季孫行父云云會晉郤克云云及齊侯戰于鞌齊師敗績註云大夫敵君不貶者隨從王者大夫得敵諸侯也然則郤克



之徒得敵齊侯者正以魯人與在隨從王者大夫是以得序于上而王齊侯今亦云魯公與伐而不使吳為主序齊下者正以吳是時為主會若其與之而序于齊上即是夷狄之主中国是以退之矣若然案宣十二年晉荀林父帥師及楚子戰于邲林父序于楚子之上亦應是不與夷狄之主中国而注云不與晉而反與楚子為君臣之礼以惡晉者正以楚莊王称子據彼君文成去有王伯之事雖以臣及君不嫌晉直今吳称国君文不成而序国書之下寧得類乎。注言獲至進也。解云莊十年秋荊敗蔡師于莘以蔡侯獻舞歸傳云曷為不言其獲不與夷狄之獲中国也又昭二十三年秋吳敗頓胡沈蔡陳許之師于雞父獲陳夏齧傳云不與夷狄之主中国則其言獲陳夏齧何吳少進也注云能結日偏戰行少進故從中国辭治之今經亦然故以言此。秋七月辛酉滕子虞母卒。冬十有一月葬滕隱公。衛世叔齊出奔宋

十有二年春用田賦何以書 据當賦稅為何書。為何于偽反下為同

宗同譏何譏爾譏始用田賦也田謂一井之田賦者斂取其財物也言用
田賦者若今漢家斂民錢以田爲率矣不言井者城郭里巷
亦有井嫌悉賦之礼稅民公田不過什一軍賦十井不過一
乘哀公外慕彊吳空盡国儲故復用田賦過什疏注田謂
一。爲率音律又音類乘繩證反復扶又反一井之
田。解云知如此者正以家語政論篇云季康子欲以一井
田出賦法焉又曾語下篇云孔子謂冉求曰田一井出稯禾
秉芻缶米不是過也案彼二文皆論此經用田賦之事而言
一井故知然也。注不言井至賦之。解云凡言田者指墾
土之處言井者但是方里之名若言用井賦則嫌城郭里巷
之內但有一井之處悉皆賦之故云不言井者城郭里巷亦
有井嫌悉賦之。注礼稅至什一。解云即宣十五年傳云
什一者天下之中正也什一行而頌聲作矣是也云軍賦十
井不過一乘者何氏以爲公侯方百里案諸典籍每有千乘
之義若不十井爲一乘則不合鄭氏云公侯方百里井十則
賦出革車一乘者義亦通于此云哀公外慕強吳者即上十
年春公會吳伐齊十一年夏公會吳伐齊此年夏公會吳于
橐皋之屬是也云故復用田賦過什一者對常賦以爲復矣○夏五月甲辰孟子



卒孟子者何據曾大夫无孟子疏孟子者何。解云欲言魯女不言孟姬欲言夫人經
不書葬故執不知問昭公之夫人也其稱孟子何據不稱上夫人某氏
疏注據不至某氏。解云即隱二年冬十有二月乙卯夫人子氏薨之屬是也諱娶同姓
蓋吳女也礼不娶同姓買妾不知其姓則卜之爲同宗共祖亂人倫與禽獸无別昭公既娶諱而謂
之吳孟子春秋不繫吳者礼婦人繫姓不繫国雖不諱亦不繫国也不稱夫人不言薨不書葬者深諱之疏蓋吳
女也。解云公羊子不受于師故疑之。注礼不至无別。
解云上曲礼云取妻不取同姓故買妾不知其姓則卜之鄭
氏注云爲其近禽獸也妾賤或時非媵取之於賤者世无本
繫者是也云爲同宗共祖亂人倫與禽獸无別者欲取曲礼
上云夫唯禽獸无礼故父子聚麀是故聖人作爲礼以教人
欲人以有礼知自別於禽獸之文乎。注昭公至孟子。解
云昭十年注云去冬者蓋昭公娶吳孟子之年故貶之然則
其言昭公既娶者謂從昭十年以來也而諱之吳孟子者即
論語云君娶于吳爲同姓謂之吳孟子坊記云魯春秋猶去
夫人之姓曰吳其死曰孟子卒是也。注春秋至国也。解

公定四年春王二月癸巳陳侯吳卒夏六月葬陳惠公定六
年鄭游速滅許以許男斯歸今年夏許男戌卒秋葬許元公
然則陳蔡之滅非吳盧之罪及其存時乃爲大国所復但以
不受封於天子故書君以見之仍以前君死位非其自復其
国合存故許録其卒葬也而許男斯者爲鄭所滅不能死位
許国合絶不足存之而戌自復罪悪深矣若比之陳蔡不當
合録而録之者正欲見其前君不死位后君自復之悪深是
以書其卒葬而去其日月以見矣故曰此陳蔡不當復卒葬
之也 卒葬略 ○公會晉侯及吳子于黄池吳何以稱
子 據救陳称国 疏 注據救陳称国○解云十年冬吳救陳是也 吳主會也 以言
及也時吳彊而无道敗斉臨菑乘勝大會中国斉晉前驅魯
衛驂乘滕薛俠轂而趨以諸夏之衆冠帶之国反背天子而
事夷狄恥甚不可忍言故深爲諱辭使若吳大以礼
義會天下諸侯以尊事天子故進稱子○背音佩 疏 注以
言至而趨○解云以經言及吳即知吳主會何者正及者殴
殴之辭即僖五年夏公及斉侯宋公以下會王世子于首戴
注云言及者因其文可得見殴殴也然則彼云及斉侯斉侯
王會則知此言及吳子吳子主會明矣故云以言及也云時 李孝



吳強而无道敗斉臨菑乘勝大會中国者即上十一年五月
公會吳伐斉甲戌斉国書帥師及吳戰于艾陵斉師敗績者
是敗斉師于臨菑之事正以吳爲夷狄數伐中国而敗之故
謂之无道菑字然有作晉字若作晉字以黄池爲近晉人
畏而會之故曰臨晉云斉晉前驅魯衛驂乘滕薛俠轂而趨
者春秋説文也以下傳及注云則天下尽會而春秋疑時序
此六国時爲之役故徧奉之或言不尽意故也○注以諸至
称子○解云諸夏衆強不復如礼反棄君父而事夷狄恥辱
之甚不忍言故深爲諱進吳称子矣而言冠帶之国者正以
夷狄之人不知冠帶故也是以穀梁傳云吳王夫差曰好冠
來孔子曰大矣哉夫差未能言冠而欲冠
也范氏云不知冠有等差唯欲好冠是也 吳主會則曷
爲先言晉侯 據申之會楚子主會序上 疏 注據申至序上○解云即昭四年夏楚子蔡侯
以下會于申是 不與夷狄之主中國也 明其実自以夷狄之彊會諸侯尓不行礼
義故序晉於上 其言及吳子何 据鍾離之會殊會吳不言及僖五年公及斉侯斉侯主會文明
矣 疏 注据鍾至言及○解云即成十五年冬叔孫僑如會晉士燮斉高无咎以下會吳于鍾離是也○注僖五

至明矣。解云即僖五年公及齊侯宋公以下會王世子于
首戴然則案如彼經書公及齊侯齊侯主會此云及吳則是
吳子主會益明矣何言不與夷狄之主中国乎是以据而難之 **會兩伯之辭也** 晉序上者主會
文也吳言及者亦人往爲主之文也方不與夷狄主中国而
又事实當見不可醇奪故張兩伯辭先晉言及吳子使若晉
主會爲伯吳亦主會爲伯半抑半起以奪見
其事也語在下。當見賢徧反年内皆同 疏 主吳言至文也。解
云凡言及者汲汲之辭今言及吳子則似吳子先在是天下
之人慕而往事之然故曰人往爲主之文。注半抑至在下
。解云序晉于上是其抑之言及吳子起其爲伯也故曰半
抑半起矣序晉于上是其奪言及吳子亦見其爲伯之事故
曰奪見其事 **不與夷狄之主中國則曷爲以會兩伯之辭言之** 据伯主人 疏 注据伯主人。解云謂爲伯者主領會上之人矣 **重吳也** 其实重在吳故言及夲晉者諱而不盈 疏 注其实至不盈。解云謂其实處權重在于吳故言及吳
子作汲汲之文矣經言公會晉侯是其諱爲吳所主也晉侯
之下即言及吳子是其不盈徧其諱文也何者晉是大国而
汲汲乎吳还是吳爲會主之義也僖二十三年夏宋公慈父
卒傳云何以不書葬盈乎諱也注云盈徧也相接足之辭也
然則此言諱而不盈
者意欲取彼傳文矣 **曷爲重吳** 据常殊吳 疏 注据常殊吳。解云即成十
五年冬叔孫僑如會晉士燮以下會吳于鍾離
襄十年春公會晉侯以下會吳于柤之屬是也 **吳在是則天下諸侯莫敢不至也** 以晉大国尚先汲汲於吳則知諸侯莫敢不至也不
書諸侯者爲微辭使若天下尽會之而魯侯蒙俗會之者惡
愈齊桓兼夲遠明近此但夲大者非尊天子故不得褒也注
書者惡諸侯君事夷狄。惡諸烏路反 疏 注不書至惡愈。解云若欲实而言之天下諸侯寧可悉至但欲見
其重在吳偏至之辭而已其歷言某侯某侯則实不至者不
可空言是以夲其最大之国作天下尽會之義矣。注齊桓
至褒也。解云僖二年秋九月齊侯宋公江人黃人會于貫
傳云江人黃人者何遠国之辭也遠国至矣則中国曷爲獨
言齊宋至尔大国言齊宋小国言江黃則以其餘爲莫敢不至
也然則齊桓之時非獨夲大以明小亦兼夲遠以明近今此
但夲晉者非尊天子不得褒爲遠夷皆至之辭則傳云天下
諸侯莫敢不至者据九州之内言之亦得謂之天下矣。注

主書至夷狄。解云：春秋見義非唯一種，一則見吴之強，一則見晉之衰微，但主書之情本惡諸侯君事夷狄，餘者兼見之矣。

○楚公子申帥師伐陳。○於越入吴。○秋，公至自會。有恥致者，順諱文也。

疏 注有恥至文也。解云：莊六年注云：公與二国以上出會盟，得意致會，不得意不致。然則今此冠帶之国斂手從夷，乃是可恥之，故而致之者，正欲順其諱文，使若吴尊事天子，以會諸侯，諸侯得意，以會致之然，故曰順諱文也。

○晉魏多帥師侵衛。此晉魏曼多也，曷爲謂之晉魏多？据上七年言曼多。魏多，左氏作魏曼多。

疏 注据上至曼多。解云：即上七年春魏曼多帥師侵衛是也。

譏二名，二名非禮也。復就晉見者，明先自正而后正人，正人當先正大以帥小。

疏 注復就至帥小。解云：定六年冬仲孫忌帥師圍運，傳云：此仲孫何忌也，曷爲謂之仲孫忌？譏二名，二名非禮也。注云：爲其難諱也。一字爲名，令難言而易諱，所以長臣子之敬，不逼下也。春秋定哀之間，文致大平，欲見王者治定，无所復爲譏，唯有二名，故譏之。然則彼已於魯見訖，今復就晉見之者，明先自正而后正人也。等是正人，而於晉者，見當先正大国以帥于小国故也。



○葬許元公。○九月，螽。先是用田賦，又有會吴之費。○之費，芳味反，下同。

疏 注先是用田賦。解云：在十二年春。

○冬，十有一月，有星孛于東方。孛者何？彗星也。其言于東方何？据北斗言星名。○孛音佩。彗，星因歳反，又息遂反。

疏 孛者何。解云：欲言是星，星名未有；欲言非星，録爲星称，故執不知問。○注据北至星名。○解云：即文十四年秋七月有星孛入于北斗是也。然則彼入于北斗，言其所孛之星名，今言于東方，故難之。

見于旦也。旦者，日方出時，宿不復見，故言東方，知爲旦。

疏 見于旦也。解云：于字亦有作平字者，誤也。○注旦者至爲旦。○解云：旦者，日方出地，未相去離之辭，故曰旦者，日方出，當尔之時，宿皆不見，故曰時宿不復見也。星孛仍見，餘宿已没，是以不復指其孛之星，漫道其方而已，言東方，知爲旦也。

何以書？記異也。周十一月，夏九月，日在房心。房心，天子明堂布政之庭，於此旦見，與日爭明者，諸侯代主治典法，滅絶之象。是後周室遂微，諸侯相兼，爲秦所滅，燔書道

絶。治直吏反燔扶元反（疏）注周十一月夏九月日在房心。解云堪輿云九月日体在大火故曰日在房心也
云房心天子明當布政之庭出堪輿星經亦云也。注是后至道絶。解云春秋說云趨作法孔聖没周姬亡彗東出秦正起胡破術書記散亂孔子不絶也既言周姬亡彗東出故知由此孛星周室遂微也言秦正起亦由此孛星秦本紀云始皇名正以二十六年滅周而井天下故云諸侯相兼爲秦所滅也始皇胡亥並悪焚書聖人之道于斯絶矣故曰燔書道絶。

**盗殺陳夏彄夫**。陳夏户雅反一本作蘽彄夫苦侯反又古侯反一本作軀音同二傳作夏區夫○**十有二月螽**黄池之會費重煩之所致

**十有四年春西狩獲麟何以書記異也何異爾非中國之獸也然則孰狩之**稱西言狩尊卑未公据无主名。狩手又反麟力人反（疏）何以書記異也。解云麟者仁獸大平之嘉瑞而言記異者當尒之時周室大壞爲天下所厭漢高方起堯裔将興者謂之瑞亡者謂之異然則何氏云吉凶不並瑞災不兼之有乎義亦通于此。非中国之獸也。解云謂有聖帝明王然后乃來則知不應甚宴无矣然則以其非中国之常物故曰非中国之獸不謂中国不合有若以昭二十五年有鸛鵒來巢之下傳云何以書記異也何異爾非中国之禽也之類是也若然皆非中国之物鸛鵒言有來而麟不言有來者正以麟是善物春秋慕之欲其常在於中国非今始有非今始來之義是以穀梁傳云其不言來不外麟于中国也其不言有不使麟不恒於中国也是也。注稱西至未分。解云西者四時之敘是爲卑稱狩者天子諸侯之事父乃是尊名故曰稱西言狩尊卑未分也必知狩是天子諸侯之事者正以僖二十八年天王狩于河陽桓四年春公狩于郎之屬故也

**薪采者也**西者指狩言方地類賤人象也金主芟艾而正以春尽木火當燃之祭率此爲文知庶人采樵薪者。薪音新芟所銜反芟魚廢反樵在焦反（疏）薪采者也。解云薪采者言采薪也言是庶人採薪者矣。注西者至方地。解云謂据其処道其方之曰西狩也。注類賤人象也。解云正以西方爲兌少女之位女子之卑草木衰落亦非可貴之義故曰類賤人象也。注金主至薪者。解云經言西者賤人象金主芟艾持斧之義而文正以春尽是火當絶木之時今乃采此爲文即知庶人持斧斤破木燃火之意故曰知庶人采樵薪者似若

漢高祖起于布衣之內持三尺之劒而以火德之君臨四海從東鄉西以應周家木德之象也新采者則

微者也曷爲以狩言之據天子諸侯乃言狩天王狩于河陽公狩于郎是也河陽冬言狩獲麟春言狩者蓋據魯變周之春以爲冬去周之正而行夏之時。去周起呂反行夏戶雅反下子夏同

疏注天王狩于河陽。解云在僖二十八年云公狩于郎者在桓四年春。注河陽至之時。解云若侯周之正月乃夏之仲冬得冬獵曰狩之時即大司馬職云仲冬教大閱遂以狩田是也但孔子作春秋欲改周公之舊礼正朔三而反當欲行夏之時取夏之孟冬以爲狩時夏之仲冬不是田狩之月是以桓四年春正月公狩于郎何氏云狩例時此月者譏不時周之正月夏十一月也陽氣始施鳥獸懷任草木萌牙非所以養微者是也然則河陽言狩者周之季冬當夏之十月故得言狩矣案僖二十八年冬天王狩于河陽之時乃冬言狩今獲麟之經春言狩者蓋據魯爲王而改正朔方欲改周之春以爲冬去其周之正月而行夏之時由此之故春而言狩矣

大之也使若天子諸侯曷爲大之據略微

疏注據略微。解云隱元年九月及宋人盟于宿傳云孰及之內之微者也注云內者



謂魯也微者謂士也不名者略微也是然則春秋之道略於微者今而大之故以爲難矣爲獲麟大之也曷爲爲獲麟大之據鸛鵒俱非中國之禽无加文。爲獲于僞反下爲獲孰爲佐爲并如爲皆同鸛音權鵒音欲

疏注據鸛至加文。解云即昭二十五年夏有鸛鵒來巢是也

麟者仁獸也狀如麕一角而戴肉設武備而不爲害所以爲仁也詩云麟之角振振公族是也。振之人反

疏麟者仁獸也。解云五行傳云東方謂之仁又云視明禮脩而麟至言人君但當其視能明其礼又脩而麟至也是以春秋說云麟生於火遊于中土軒轅大角之獸然則麟爲土畜而言仁獸者正以設武備而不害物所以爲仁而兼義公羊說云麟者木精一角赤目爲火候下注亦云麟者木精者正以設武備而不害物有仁之物屬東方赤目爲火候火乃木之子謂之木精亦何傷又鶡冠子云麟者北方玄枵之獸陰之精者正以五行相配言之水爲土妃水土構精而生麟得土氣者性似父得水氣者性似母蓋以麟得水氣故云玄枵之獸陰之精也。注狀如至是也。解云釋獸云麐麕身牛尾一角郭氏曰角頭有肉故此云狀如麕一角也廣雅云麒麟狼額肉角故此注云而戴肉云設武備而不

為誰來矣曰者素案圖録知刘季當代周但初見之時未知為
誰采獲麟為之出仍自未明故作此言也乃之后詳審方知為
新采者所獲於是煥然而
寤是以泣之亦何傷乎

**反袂拭面涕沾袍**袍衣前襟也大

子素案圖録知庶聖刘季當代周見薪采者獲麟知為其中
何者麟者木精薪采者庶人燃火之意此赤帝將代周居其
位故麟為薪采者所執西狩獲之者從東方王於西也東卯
西金象也言獲者兵戈文也言漢姓卯金刀以兵得天下不
地者天下異也又先是螽蟲冬踊彗金精埽旦置新之象夫
子知其將有六国爭彊從横相滅之敗秦項驅除積骨流血
之虞然后刘氏乃帝深閔民之離害甚久故豫泣也〇袂彌
世反衣袖也涕他礼反袍步刀反又步報反衣前襟也襟音
金王於于況反下火王而土之王同從横子
容反驅除並如字又上丘貝反下直豫反

**疏**反袂拭目〇解云目

亦有作面字者云涕沾袍者袍亦有作衿字者以衣前襟言
之袍似得之〇注夫子至代周〇解云蓋見中候云卯金刀
帝出復堯之常是其案圖録從亭長之任而為天子故謂之
庶姓矣〇注何者至之意〇解云春秋說云麟生於火遊於
中土軒轅大角之獸然則麟為土畜而言木精者正以公羊
說云麟者木精一角赤目為火候既為火候是木之子謂之
木精亦何傷舊云木生火火生土麟為土畜亦受氣于祖性
合人仁故為木精也庶人采薪本供庖爨意欲燃之故曰采
薪庶人燃火之意也木雖生火火復燒木即漢以火德承周
之后而能滅之故曰此赤帝將代周居其位也云故麟為薪
采者所執其若不然麟為異物体形不小薪采隻夫寧能輕
獲之乎〇注西狩至天下〇解云言西狩獲之者即是從東
方而王於西方之象卯在東方金在西方故曰東卯西金象
也言獲者兵戈之文是其有刃之義也故曰言漢姓卯金刀以
兵得天下言刘季起於豐沛之間提三尺之劍而入秦宮是
其卯金刀從東王于西以兵得天下之事也〇注不地至異
也〇解云所以不言西狩于某獲麟者正以麟見于魯乃為
周王將亡之異是以不奉小地之名亦得為王魯之義故曰
不地者天下異也云又先是螽蟲冬踊者即上十二年冬十
有二月螽十三年冬十有二月螽是也云彗金精掃旦置新
之象者即上十三年冬十有二月有星孛于東方傳云孛者
何彗星也者是孛從西方鄉東故曰金精彗者埽除之象鄉
晨而見故曰埽旦也然則螽蟲冬踊者乃是天不能殺地不
能埋故為六国爭強天下大亂之象也金精埽旦乃是秦項
驅除刘氏乃帝之義故何氏云焉〇注夫子至之敗〇解云
六国者即燕齐楚韓魏趙也當尔之時齐据古之番燕楚強于

吾誰欺？欺天乎！且予與其死於臣之手也，無寧死於二三子之手乎！且予縱不得大葬，予死於道路乎？

麟而死者即孔叢子云麟出而死吾道窮矣是也

春秋何以始乎隱 據得麟乃作

疏 注據得麟乃作○解云止以演孔圖云獲麟而作春秋九月書成是也而揆命篇云孔子年七十歲知圖書作春秋者何氏以爲年七十歲者大判言之不妨尔時七十二矣尤如卜世三十卜年七百之類也

祖之所逮聞也 託記高祖以來事可及問聞知者尤曰我但記先人所聞辟制作之害

疏 祖之所逮聞也○解云何氏以爲公取十二則天之數故隱元年益師卒之下注云所以二百四十二年者取法十二公天數備足是也今此傳云祖之所逮聞者謂兼有天數之義亦託制閏而知所取制服三等之義故隱元年注云所以三世者礼爲父母斬衰三年爲祖父母期爲曾祖高祖父母齊衰三月是也○注託記至之害○解云假託云道我記高祖以來事者欲道因己問父得聞昭定哀之事因父問祖得聞文宣成襄之事因祖問高祖得聞隱桓莊閔僖之事故曰託記高祖以來事可及問聞知者以此言之則无制作之義故曰我但記先人所聞辟制作之害也

所見異辭所聞異辭所傳聞異辭 所以復發傳者益師以臣見恩此以君見恩嫌義異於所見之世臣子恩其君父尤厚故多微辭也所聞之世恩王父少殺故立煬宮不日武宮日是也所傳聞之世恩高祖曾祖又殺故子赤卒不日子般卒日是也○傳直專反注傳聞同復扶又反見賢遍反下欲見同少殺所戒反下同般音班

疏 注所以復發至義異○解云隱元年冬十有二月公子益師卒傳云何以不日遠也所見異辭所聞異辭所傳聞異辭然則彼已有傳今復發之者正以益師之卒所以不日者以其恩遠孔子所不見欲道當時之君无恩于其臣是以大夫之卒不問有罪與不例皆不日以見之是以須發二傳異辭之言今此西狩獲麟備所見之世己與父時之事欲道當時之臣有恩于其君故爲微辭不忍正言其惡是以定哀發傳道其三代異辭之意然則言益師以臣見恩者言益師之經以臣之故見君恩之薄厚也云此以君見恩者今此獲麟之經以君之故見臣恩之厚薄其義實異故重發之桓二年成宋亂之下傳云内大惡諱此其目言之何遠也所見異辭所聞異辭所傳聞異辭何氏云所以復發傳者益師以臣見恩此以君見恩嫌義異也然則桓公之時已發見君恩之傳今復發之者正以桓公之時欲見其臣无恩於其君是以不爲之諱大惡今時有恩于其君爲之諱而作微辭也彼注云嫌義異也此復注云義異是其一隅何氏不次之皆從可知省文

也云故多微辭也者即定元年傳云定哀多微辭注云定公有王无正月不務公室喪失国宝哀公有黄池之會獲麟故總言多是也云故立煬宮不日者即定元年秋九月立煬宮是也云武宮不日者即成六年二月辛巳立武宮是也正以公羊之義失礼鬼神例日故如此解之也云子赤卒不日者即文十八年冬十月子赤卒是也云子般卒日是也者即莊三十二年冬十月乙未子般卒是也文十八年子卒之下傳云子卒者孰謂謂子赤也何以不日隠之也何隠尒弑也弑則何以不日不忍言也注云所聞世臣子恩痛王父深厚故不忍言其日與子般異是也

何以終乎

哀十四年 据哀公未終也

疏 注据哀公未終也○解云正以未見公薨之文故也且以左氏言之即哀二十七年公遜於越而因卒則知今未終

曰備矣 人道浹王道備必止於麟者欲見撥乱功成於麟尤堯舜之隆鳳皇來儀故麟於周爲異春秋記以爲瑞明大平以瑞應爲效也絶筆於春不書下三時者起木絶火王制作道備當授漢也又春者歲之始能常法其始則无不終竟○道浹子協反本作帀撥卞末反理也應對之應

疏 注人道至浹也○解云浹亦有作帀字者一止以三代異辭因父以親祖以親曾祖以曾祖親高祖骨肉相親極于此故云人之道浹也云王道備者正以撥乱于隠公功成于獲麟懍懍治之至于太平故曰王道備也云必止至於麟者正以獲麟之后得端門之命乃作春秋但孔子欲道從隠撥乱功成于麟是以終于獲麟以示義似若若舜之隆制禮作樂之后簫韶九成鳳凰乃來止巢而乘匹堯舜類也云故麟于周爲異者即上傳云何以書記異也何異尒非中国之獸也是也云春秋記以爲瑞者記亦有作託者今解從記亦云明大平以瑞應爲效也者言若不致端即太平无驗故春秋記麟爲太平之效也○注絶筆至漢也○解云四時具然后爲年此乃春秋之常今不書下三時者欲起木應君將亡欲別起爲王是以此処不得記之且獲麟既記制作之道已備當欲以之授于漢帝使爲治国之法是以不得記于三時矣○注又春至終竟○解云所以然者始正則僖十六年傳云朔有事則書晦有事不書也者義亦通此

君子曷爲爲春秋 据以定作五經

疏 君子曷爲爲春秋○解云君子謂孔子曷爲今日始爲春秋乎嫌其久絶於諸典之前○注据以定作五經○解云何氏以[illegible]緣五經皆在獲麟之前故言此何氏知然者正以論語云孔子曰吾自衛反魯然后樂正雅頌各得其所案孔子自衛反魯在哀十一年冬則知料理舊經不待天命者皆在獲麟

之前明矣而論語直言樂正雅頌文不備矣言料理五經在獲麟之前何故作春秋獨在獲麟之后乎故据五經以難之

撥亂世撥猶治也反諸正莫近諸春秋得麟之后天下血書魯端門曰趨作法孔聖沒周姬亡彗東出秦政起胡破術書記散孔不絕子夏明日往視之血書飛為赤烏化為白書署曰演孔圖中有作圖制法之狀孔子仰推天命俯察時變卻觀未來豫解無窮知漢當繼大亂之后故作撥亂之法以授之○近附近之近又如字演以善反

〔疏〕撥亂至春秋○解云孔子未得天命之時未有制作之意故但領緣舊經以濟當時而已既獲麟之后見端門之書知天命已制作以俟後王于是選理典籍欲為撥亂之道以為春秋者賞善罰惡之書若欲治世反歸于正道莫近于春秋之義是以得天命之后乃作春秋矣即上云治世之要務義亦通於此○注得麟至之狀○解云演孔圖文也彼作卞者之法孔氏聖人將欲沒矣周王姬氏將亡是以十三年冬彗星出于東方矣秦始皇名正方欲起為天子其子胡亥破先王之術當尔之時書契經綱盡皆散亂唯有孔氏春秋口相傳者獨存而不絕孔子聞之使子夏往視其血書其血乃飛為赤烏其書乃化為白書署之曰此是演孔圖中義理乃有制作之象制法之形狀矣



案秦本紀云秦皇為無道周人以舊典非之乃用李斯之謀欲以愚黔首於是燔詩書云然則始皇燔詩書而言胡破術者謂始皇燔之不盡胡亥亦燔之○注至之法○解云孔子仰推天命者謂仰推尋天命即端門之命是也云俯察時變者即彗星出之類彗星埽旦之象是也欲尊天命故以俯仰言之云卻觀未來豫解無窮知漢當繼大亂之后故作撥亂之法以授之者謂知其承大亂之后天下未醒故作治亂之法以授之矣若欲託之春秋即所傳聞之世是也故桓三年夏齊侯衛侯胥命于蒲傳云胥命者何相命也何言乎相命近正也此其為近正奈何古者不盟結言而退彼注云善其近正似於古而不相背故書以撥亂也是也

則未知其為是與其諸君子樂道堯舜之道與作傳者謙不敢斥夫子所為作意也堯舜當古歷象日月星辰百獸率舞鳳皇來儀春秋亦以王次春上法天文四時具然后為年以敵撥氏時崇德致麟乃得稱太平道同者相稱德合者相友故曰樂道堯舜之道○其為于偽反注所為同是與音餘下及注同

〔疏〕則未至是與○解云為音于偽反公羊子謙不敢言子作春秋故依違云則知其為此春秋可以撥亂世而作之與○其諸至道與○解云其諸辭也

即桓六年子公羊子曰其諸以病桓與注云其諸辭也是也君子謂孔子不知為是孔子舜樂堯舜之道是以述而道之與。注堯舜至之道。解云言堯舜當古歷象日月星辰者堯典文也云百獸率舞者舜典咎繇謨皆有其文也云鳳凰來儀者咎繇謨文也云春秋亦以王次春上法天文四時具然後為年以敬授人時者欲以堯舜當古曆象日月星辰以敬授人時也云崇德致麟乃得稱太平者欲以堯舜百獸率舞鳳凰來儀是也云道同者相稱者謂孔子之道同于堯舜故作春秋以稱述堯舜是也云德合者相友者同志之名言孔子之德合於堯舜是以愛而慕之乃作春秋與其志相似也

末不亦樂乎堯舜之知君子也末不亦樂后有聖漢受命而王德如堯舜之知孔子為制作〔疏〕末不至子也。解云孔子之道既與堯舜雅合故得與堯舜相對為首末然則指孔子言不亦也堯舜之時預知有已而制道術預知有已而為君子而慕之已亦預制春秋授劉帝是孔子亦愛慕堯舜之知君子而効之

制春秋之義以俟後聖待聖漢之王以為法〔疏〕制春至后聖。解云制作春秋之義謂制春秋之中賞善罰惡之義也

以君子之為亦有樂乎此也樂其貫於百王而不滅名與日月並行而不息〔疏〕以君至此也。解云君子謂孔子所以作春秋者亦樂此春秋之道可以永法故也。注樂至不息。解云春秋者賞善罰惡之書有國家者最所急務是以貫通于百王而不滅絕矣故孔子為后王作之云名與日月並行而不息者謂名之曰春秋其合於天地之利生成萬物之義凡為君者不得不爾故曰名與日月並行而不息也



監本附音春秋公羊註疏哀公卷二十八

[illegible]

監本附音春秋穀梁注疏卷第二十

義. -- 上海 : 上海古籍出版社, 2017.11
（古本十三經注疏）
ISBN 978-7-5325-8652-3

Ⅰ. ①春… Ⅱ. ①何… ②徐… ③陸… Ⅲ. ①中國歷史－春秋時代－史籍②《公羊傳》－注釋 Ⅳ. ①K225.04

中國版本圖書館CIP數據核字（2017）第263242號

# 春秋公羊傳注疏

[漢]何　休　注
[唐]徐　彥　疏
[唐]陸德明　音義

責任編輯　魯秀梅
技術編輯　伍　愷

上海古籍出版社　出版發行
上海市瑞金二路二七二號　郵政編碼　二〇〇〇二〇
網址　www.guji.com.cn
E-mail　guji1@guji.com.cn
易文網網址　www.ewen.co

印製　杭州名典古籍印務有限公司
開本　六五〇乘一五六〇　八開
印張　一百四十三又四分之一
版次　二〇一七年十一月第一版　二〇一七年十一月第一次印刷
ISBN 978-7-5325-8652-3 / K.2398
定價　貳仟玖佰捌拾圓